Einführung

Am 22. November 1951 hielt Papst Pius XII. vor der Päpstlichen Akademie der Wissenschaften eine Ansprache mit dem Titel „Die Beweise für die Existenz Gottes im Lichte der modernen Naturwissenschaft". In dieser Ansprache kommentierte er die „Theorie des Urknalls" und kam zu dem Schluss, dass dieses Szenario einen Anfang des Universums bedeuten würde, bei dem sich die Materie zunächst in einem höchst außergewöhnlichen Zustand befand:

„Die Wissenschaftler sind sich darin einig, dass nicht nur die Masse, sondern auch die Dichte, der Druck und die Temperatur der Materie absolut enorme Ausmaße erreicht haben müssen ..." [1]

Und er verwies darauf, dass uns dies mit dem Übernatürlichen konfrontieren würde:

„Zu Recht besteht der Verstand in seinem Wahrheitsdrang darauf, zu fragen, wie die Materie diesen Zustand erreicht hat, der so anders ist als alles, was wir in unserer normalen Erfahrung vorfinden; und er will ferner wissen, was diesem Zustand vorausgegangen ist. Vergeblich würden wir eine Antwort in der Naturwissenschaft suchen, die ehrlich zugibt, dass sie sich einem unlösbaren Rätsel gegenübersieht. Es ist wahr, dass eine derartige Frage die Naturwissenschaft als solche überfordern würde." [2]

Der BBC-Wissenschaftsjournalist Simon Singh erklärt, dass die Schlussfolgerung des Papstes nach Ansicht von Georges Lemaître, der diese neue Art, den Ursprung des Universums zu erklären, erfunden hatte, inakzeptabel war:

„Lemaître wandte sich an Daniel O'Connell, den Direktor der Vatikanischen Sternwarte und wissenschaftlichen Berater des Papstes, und schlug vor, gemeinsam zu versuchen, den Papst davon zu überzeugen, zur Kosmologie zu schweigen. Erstaunlicherweise war der Papst willfährig und stimmte der Bitte zu – der Urknall sollte nicht länger ein Thema für päpstliche Ansprachen sein." [3]

Im Gegensatz zu Papst Pius XII. lehnte Lemaître jegliche implizite Aussage ab, die in seiner Theorie auf einen Schöpfer hinweisen würde. Nicht nur die vermeintliche natürliche Entfaltung des Universums, sondern sogar der Anfang, der Urknall selbst, musste ohne Gott stattgefunden haben. Georges Lemaître erklärt:

---

[1] Pius XII., *Ansprache vor der Päpstlichen Akademie der Wissenschaften*, 22. November 1951, 42.
[2] Ebd., 43.
[3] Simon Singh, *Big Bang*, 2010, Harper Collins UK., S. 362.

„Soweit ich sehe, bleibt eine solche Theorie [des Uratoms] völlig außerhalb jeder metaphysischen oder religiösen Frage. Sie lässt dem Materialisten die Freiheit, jedes transzendente Wesen zu leugnen. ... Für den Gläubigen beseitigt sie jeden Versuch der Vertrautheit mit Gott ... Das stimmt mit dem Wort Jesajas überein, der von dem ‚verborgenen Gott‘ spricht, der schon im Anfang des Universums verborgen war ... Die Wissenschaft muss angesichts des Universums nicht kapitulieren, und wenn Pascal versucht, aus der angeblichen Unendlichkeit der Natur die Existenz Gottes abzuleiten, dann dürfen wir annehmen, dass er in die falsche Richtung schaut.“[4]

Diese Worte belegen Lemaîtres gedankliche Nähe zu dem Kosmologen Stephen Hawking. In seinem letzten Buch vor seinem Tod (erschienen 2018) und seiner Beerdigung in der Westminster Abbey neben Charles Darwin argumentierte Hawking 2018 folgendermaßen:

„Die Naturgesetze sagen uns ..., dass das Universum wie ein Proton aufgetaucht sein kann, ohne Hilfe in Anspruch zu nehmen und ohne Energie zu beanspruchen, aber auch, dass möglicherweise nichts den Urknall verursacht hat. Nichts.“[5]

In den folgenden Abschnitten werden wir sehen, dass nicht nur ein solcher Anfangszeitpunkt eines Urknalls nicht mit der Naturwissenschaft in Einklang zu bringen ist. Auch das nachfolgende Szenario einer kosmischen Entwicklung von einer „Singularität“ über heiße Strahlung zu Atomen, Staub, Sternen und Galaxien steht im Widerspruch zu astronomischen Beobachtungen.

Die Offenbarung Gottes

Der christliche Glaube lehrt, dass der Schöpfer des Universums uns mitgeteilt hat, was in der Frühgeschichte der Welt wirklich geschehen ist. Uns wurden die beiden Säulen der göttlichen Offenbarung gegeben: die Heilige Schrift und die Heilige Tradition. Papst Pius XII. rief die Gläubigen in seiner Enzyklika *Humani Generis* dazu auf, deren Autorität auch in Fragen der Wissenschaft aufrechtzuerhalten:

„Nicht wenige stellen ja dringend die Forderung, die katholische Religion möge diese ‚wissenschaftlichen‘ Fachgebiete möglichst stark berücksichtigen. Das ist in der Tat lobenswert, wo es sich um wirklich bewiesene Tatsachen handelt; es ist jedoch mit Vorsicht aufzunehmen, wo es sich mehr um die Frage von Hypothesen handelt, auch wenn sie irgendwie auf irdischer Wissenschaft beruhen, durch welche

---

[4]Georges Lemaître, *The Primeval Atom Hypothesis and the Problem of Clusters of Galaxies*, in R. Stoops (Hrsg.), *La Structure et l'Évolution de l'Univers* 1958, S. 1-32.
[5]Stephen Hawking, *Kurze Antworten auf große Fragen*, 2018, S. 60.

die in der Heiligen Schrift oder in der Tradition enthaltene Glaubenslehre berührt wird. Wenn solche von Vermutungen ausgehenden Meinungen direkt oder indirekt gegen die von Gott geoffenbarte Glaubenslehre sind, dann kann eine derartige Forderung in keiner Weise zugelassen werden." [6]

Die kirchliche Lehre von der Erschaffung des Universums beruht auf der vom Heiligen Geist eingegebenen Offenbarung, die dem Propheten Moses gegeben und im ersten Buch der Heiligen Schrift niedergeschrieben wurde. Auf der ersten Seite des Buches Genesis lesen wir, was am ersten Tag der Schöpfung geschah:

"Im Anfang schuf Gott Himmel und Erde."   *Genesis 1,1*

Daraufhin wird geoffenbart, dass Gott durch die Scheidung des Wassers in einen unteren und einen oberen Bereich das Firmament geschaffen hat, welches Er „Himmel" nannte. Daraus folgt, dass die Erde *vor* dem Himmel erschaffen wurde.

Am dritten Schöpfungstag erschuf Gott die Pflanzen:

" Und Gott sprach: Es lasse die Erde Pflanzen sprossen, die grünen und Samen tragen, und Fruchtbäume, die Frucht tragen nach ihrer Art, die ihren Samen in sich haben, und es geschah also."
Genesis 1, 11

Der Herr offenbarte also, dass die Erde und auch die Pflanzen *vor* der Sonne, dem Mond und den Sternen existierten, weil diese erst am vierten Schöpfungstag erschaffen wurden. Da die Urknalltheorie hingegen fordert, dass die Erde 8,8 Milliarden Jahren *nach* der Existenz der ersten Sterne entstanden ist, liegt hier ein Widerspruch zur geoffenbarten Lehre der katholischen Kirche über die zeitliche Abfolge der Schöpfung vor. Auch wenn man die Schöpfungstage bildlich als sehr lange Zeiträume verstehen würde, führt es letztlich in diese Schwierigkeit.

In den Versen 14-19 informiert uns die Genesis über die Erschaffung der Himmelskörper:

"Da sprach Gott: Es werden Leuchten an dem Firmamente des Himmels, und sie sollen den Tag und die Nacht scheiden, und zu Zeichen dienen, und zu Zeiten, und Tagen und Jahren; damit sie an dem Firmamente des Himmels scheinen, und die Erde erhellen! Und es geschah also. Und Gott machte die zwei großen Leuchten, - die größere Leuchte, die Herrschaft über den Tag zu führen, die kleinere Leuchte, die Herrschaft über die Nacht zu führen, dazu die Sterne. Und er setzte sie an das Firmament des Himmels, dass sie über die Erde herableuchten, und den Tag und die

---

[6]Pius XII., *Humani Generis*, Nr. 35.

Nacht beherrschen, und das Licht von der Finsternis scheiden. Und Gott sah, dass es gut war. Und es ward Abend und Morgen, der vierte Tag."Genesis 1,14-19

Der eindeutige und offensichtliche Sinn dieser Verse ist, dass Gott die Himmelskörper sofort und unmittelbar geschaffen hat, allein durch seine eigene allmächtige Kraft und ohne Unterstützung durch natürliche Prozesse über lange Zeiträume hinweg, wie bei der Vorstellung einer kosmischen Evolution.

Wir Christen haben eine Anleitung erhalten, die Heilige Schrift so auszulegen, wie Gott sie verstanden wissen will, nämlich durch die Lehrautorität der katholischen Kirche über die Jahrhunderte hinweg. Der Heilige Geist spricht zu den Kindern der Kirche, beispielsweise durch die Kirchenväter. Daher haben das Konzil von Trient und das Erste Vatikanische Konzil diese wichtige Regel für das Lesen der Bibel unterstrichen:

„... in Fragen des Glaubens und der Moral ... ist es niemandem erlaubt, die Heilige Schrift ... entgegen der einhelligen Übereinkunft der Väter auszulegen."[7]

Betrachten wir also die einhellige Übereinkunft der Kirchenväter über den Ursprung des Universums, wie sie etwa in den Worten des heiligen Ephräms des Syrers zum Ausdruck kommen, der in seinem „Kommentar zu Genesis 1" schrieb:

„Obwohl sowohl das Licht als auch die Wolken in einem Augenblick erschaffen wurden, dauerten sowohl der Tag als auch die Nacht des ersten Tages jeweils zwölf Stunden lang."

Das steht in klarem Widerspruch zu einer kosmischen Evolution über Milliarden von Jahren. Der heilige Ephräm erklärt außerdem, dass die Himmelskörper, obwohl sie in einem Augenblick entstanden sind, uns die Illusion eines höheren Alters vermitteln könnten, wenn wir sie anhand der heutigen langsamen Prozessabläufe bewerten würden. Was er über die Erschaffung des Mondes am vierten Tag schreibt, gilt mit Sicherheit auch für Sterne und Galaxien:

„Ebenso war der Mond alt und jung zugleich. Er war jung, denn er war erst einen Augenblick alt, doch er war auch alt, da er so voll war wie am fünfzehnten Tag."[8]

Und im selben Sinn versichert uns der heilige Ambrosius, dass eine Interpretation des Genesisberichts nach den Kriterien einer langsamen kosmischen Evolution

---

[7]Vatikanum I, Sitzung III, *Dogmatische Konstitution über den Katholischen Glauben.*
[8]*Oden, T. C., Ancient Christian Commentary on Sacred Scripture, Old Testament,* Bd. I, Genesis 1-11, S. 47.

aufgrund physikalischer Kräfte nicht das ist, was der inspirierte Verfasser sagen wollte:

„Er [Moses] sah nicht eine späte und gemächliche Erschaffung der Welt aus einer Ansammlung von Atomen vor. "[9]

Und er bekräftigt in einer anderen Schrift die Lehre von der unmittelbaren und augenblicklichen Erschaffung des Kosmos mit folgenden Worten:

„Und er [Moses] fügte passend hinzu: ‚Er erschuf', damit niemand denkt, es habe eine Verzögerung in der Erschaffung gegeben. Außerdem würde der Mensch auch sehen, wie unvergleichlich der Schöpfer war, der ein so großes Werk im kürzesten Moment seines Schöpfungsaktes vollendet hat; so sehr, dass die Wirkung Seines Willens die Wahrnehmung der Zeit vorwegnahm. "[10]

Die folgenden Worte des heiligen Athanasius dehnen den einfachen und offensichtlichen Sinn von Genesis 1 nicht nur auf die Erschaffung des Universums, sondern auf sämtliche die Erde bewohnenden biologischen Arten aus. An jedem einzelnen Schöpfungstag wurde alles dazugehörige jeweils in einem Augenblick erschaffen:

„Was die einzelnen Sterne oder die großen Lichter betrifft, so erschien nicht dieses zuerst und jenes danach, sondern am selben Tag und auf denselben Befehl hin wurden sie alle ins Sein gerufen. Und so vollzog sich auch die ursprüngliche Erschaffung der Vierfüßler, der Vögel und Fische, des Viehs und der Pflanzen ... Es wurde nicht ein Geschöpf vor dem anderen erschaffen, vielmehr existierten alle Dinge aufgrund ein und desselben Befehls gleichzeitig. "[11]

Diese wenigen Beispiele belegen, dass die katholische Schöpfungslehre das Gegenteil einer sequentiellen kosmischen oder biologischen Evolution bedeutet, bei der ein Geschöpf lange nach dem anderen entsteht. Und die kirchliche Lehre macht einen klaren Unterschied zwischen der *Ordnung der Schöpfung*, in der die Dinge auf übernatürliche Weise ohne die Hilfe natürlicher Prozesse geschaffen wurden, und der nachfolgenden *Ordnung der Vorsehung*, in der wir jetzt leben und in der die Naturgesetze die Natur regieren. Ein Kirchenlehrer, der heilige Thomas von Aquin, fasst dieses zentrale Prinzip mit den Worten zusammen:

---

[9]Ebd., S. 15.
[10]Hl. Ambrosius, *Hexameron*, Homilie 2, Kapitel 1.
[11]Hl. Athanasius, *Vier Reden gegen die Arianer*, Rede 2, Kapitel 48, 60.

„Die Schöpfung tritt nicht in die Werke der Natur ein, sondern sie ist dem Wirken der Natur vorausgesetzt." [12]

Damit sagt uns Thomas, dass die Schöpfung stattfand, bevor die Naturprozesse einsetzten. Gott hat also nicht die Natur oder kosmische Entwicklungen benutzt, um das Universum und uns zu erschaffen. Er handelte auf übernatürliche Weise. Im Unterschied zu allen kosmologischen Theorien versichert der heilige Thomas, dass die Materie oder ein Urknall-Prozess nicht einmal dazu in der Lage waren, Gott bei Seiner Schöpfertätigkeit zu unterstützen:

„Es ist also unmöglich für jegliches Geschöpf zu erschaffen, sei es aufgrund eigener Kraft, sei es als Werkzeug, das heißt in dienender Funktion." [13]

Er erklärt auch, dass alles, was Gott tat, um die Geschöpfe ins Sein zu rufen, darin bestand, Sein Wort zu sprechen, das heißt, Seinen Befehl zu geben. Es geschah auf dieselbe Weise wie Jesus Christus, der menschgewordene Gott, schlicht nur Sein Wort sprach, und der Blinde konnte sehen, der Taube konnte hören, und der tote Leib des Lazarus kehrte zum Leben zurück – all das geschah in einem Augenblick. Wie Jesus, der Herr, auf Erden handelte, so handelte Er, „durch den alles geschaffen ist" (Johannes 1,3), als Er im Anbeginn der Zeit sein Schöpfungswerk vollbrachte:

„… so wie die Toten zum Leben erweckt werden oder die Blinden wieder sehen können: so vollzog sich auch die Erschaffung des Menschen aus dem Lehm der Erde." [14]

Da Gott also keine kosmische Evolution nutzte, um das Universum zu erschaffen, waren keine langen Zeitperioden nötig, um all das zu vollbringen. Thomas von Aquin, der „Doctor Angelicus", schreibt:

„Es wird gesagt: ‚Im Anfang schuf Gott Himmel und Erde', worunter leibliche Geschöpfe zu verstehen sind. Diese wurden also unmittelbar von Gott geschaffen …" [15]

Folglich war also das Universum sofort vollständig und vollkommen:

„Die erste Vollkommenheit ist die Vollkommenheit des Universums bei seiner ersten Gründung, und das ist es, was dem siebten Tag zugeschrieben wird." [16]

---

[12] Hl. Thomas von Aquin, *Summa Theologica*, Teil I, Q 45, A 8.
[13] Ebd., Q 45, A 5.
[14] St. Thomas Aquinas, *Summa Theologica* I, Q. 91, 2.
[15] Ebd., Q 65, A 3.
[16] Ebd., Q 73, A 1.

Ein weiterer Kirchenlehrer, der heilige Franziskanermönch Bonaventura, lehrt ebenfalls, dass es unnötig ist, die Tage der Schöpfung über äonenlange Zeiträume zu dehnen, um natürliche Prozesse zu einem Bestandteil des Schöpfungswerks zu machen:

„Wir müssen ausdrücklich festhalten, dass die physikalische Natur in sechs Tagen ins Dasein gerufen wurde ...“[17]

Im selben Sinne erließ die Päpstliche Bibelkommission im Jahr 1909 das Schreiben *„Der historische Charakter der ersten Kapitel der Genesis“*. Damals gehörte diese Kommission zum Lehramt der Kirche, weshalb der heilige Papst Pius X. im Motu proprio *„Praestantia Scripturae“* vom 18. November 1907 erklärte, dass niemand von den Anweisungen der Päpstlichen Bibelkommission abweichen könnte ohne „schwere Sünde". Ihre Anweisungen bezüglich der Interpretation des ersten Kapitels der Genesis wurden in mehrere Fragen und Antworten aufgeteilt. In Frage 3 wurde bekräftigt, dass Gott gleich am Anfang nicht nur Wasserstoff, Helium und Lithium geschaffen hat, sondern alles:

„Frage 3: Kann insbesondere der wörtliche, historische Sinn in Zweifel gezogen werden, wo es sich um in ebendiesen Kapiteln erzählte Ta t s a c h e n handelt, d i e d i e G r u n d l a g e n d e r c h r i s t l i c h e n R e l i g i o n b e r ü h r e n : als da sind, unter anderem, die von Gott am Anfang der Zeit getätigte Erschaffung aller Dinge; ...?

Antwort: Nein.“ [Hervorhebung hinzugefügt]

Diese Schöpfungslehre wurde durch alle Jahrhunderte hindurch gelehrt und geglaubt, sie ist ein wesentlicher Bestandteil des christlichen Glaubens. Andererseits ist jede Philosophie, die die Schöpfungswerke natürlichen Prozessen zuschreibt – auch dann, wenn die Existenz Gottes nicht geleugnet wird –, im Wesentlichen Pantheismus, denn sie geht davon aus, dass die Materie über göttliche Macht verfügt und dazu in der Lage ist, die Naturgesetze zu überwinden.

Wie wir sehen werden, verbieten diese Gesetze die Entstehung eines geordneten Universums aus ungeordneter Urstrahlung.

Eine biblische Prophezeiung

Der Apostel Petrus, der erste Papst, sagte voraus, es werde in späterer Zeit einen Angriff auf die katholische Lehre von der Schöpfung geben. Man würde nämlich

---

[17]Hl. Bonaventura, *Breviloquium,* Teil II.

annehmen, dass die gewöhnlichen Naturprozesse auch während der Schöpfungswoche abliefen, dass also die Art und Weise, wie die Dinge in der Welt heute geschehen, „seit Beginn der Schöpfung" immer dieselben gewesen sei. Dieser Annahme zufolge würden das Universum und das Leben in all seinen Formen nicht nur entsprechend physikalischer Prozesse *funktionieren*, sondern sie wären auch durch physikalische Prozesse *entstanden*. Petrus ruft jedoch in Erinnerung, dass die Erschaffung nicht auf diese Weise, sondern durch das Wort Gottes, also auf übernatürliche Weise erfolgte. Die prophetischen Worte des heiligen Petrus im Neuen Testament lauten wie folgt:

*„Am Ende der Tage werden Spötter mit Trug kommen, welche nach ihren eigenen Lüsten wandeln und sagen: 'Wo ist die Verheißung, oder seine Wiederkunft? Denn von der Zeit her, wo die Väter entschlafen sind, **verbleibt alles so, seitdem die geschaffenen Dinge ihren Anfang genommen.**' Absichtlich nämlich vergessen sie dies, dass der Himmel einst war, und die Erde aus Wasser und durch Wasser **kraft des Wortes Gottes** sich gestaltet hat, wodurch auch die damalige Welt, von Wasser überflutet, zu Grunde ging."*

2 Petrus 3,3-7 [Hervorhebung hinzugefügt]

Dass sich diese Vorhersage tatsächlich auf den evolutionären Naturalismus unserer Zeit bezieht, auf die Verletzung der Unterscheidung zwischen der Ordnung der Schöpfung und der Ordnung der Vorsehung, wird durch die Auslegung dieses Verses der Heiligen Schrift durch den berühmten Bibelexegeten Cornelius a Lapide aus dem 17. Jahrhundert bestätigt:

„Das heißt, sie werden leugnen, dass Christus zum Gericht kommt, auch wenn Sein Kommen nahe ist; und sie geben ihren Grund an: Denn seit der Zeit, da die Väter entschlafen sind, bleibt alles so, wie es von Anfang der Schöpfung an war. Es ist, als ob sie sagten: 'Die Natur hat die Welt geschaffen; dieselbe Natur lenkt die Welt weiterhin auf demselben Weg und wird ihn immer fortsetzen. Deshalb gibt es keinen Gott, der ihr ein Ende setzt, keine Gottheit, die unsere Werke beurteilt und sie bestraft.'" [18]

Die kosmologische Hypothese

Der Mann, der als erster die Vorhersage des heiligen Petrus exakt erfüllte, war im 17. Jahrhundert der Philosoph René Descartes. Er führte den revolutionären Paradigmenwechsel ein, der – ohne die Existenz Gottes zu leugnen – erklärt, dass

---

[18]Cornelius a Lapide, Scripture Commentary on Luke's Gospel 18, 8 (ins Engl.) übersetzt von Loreto Publications (http://projects.loretopubs.org).

die Welt von der Natur und nicht durch einen übernatürlichen Akt hervorgebracht wurde. Damit ist die grundlegende Lehre der theistischen kosmischen und biologischen Evolution formuliert:

„Indess ist es gewiss und unter den Theologen allgemein anerkannt, dass die Tätigkeit, durch welche Gott die Welt erhält, dieselbe ist wie die, durch die er sie geschaffen hat. Wenn er ihr also auch im Anfange nur die Form eines Chaos gegeben und nach Feststellung der Naturgesetze ihr nur seinen Bestand zur Entwicklung wie bisher gegeben hätte, so würden doch, ohne damit dem Wunder der Schöpfung zu nahe zu treten, dadurch allein alle rein körperlichen Dinge mit der Zeit sich haben entwickeln können, wie man sie jetzt sieht, und ihre Natur wird viel verständlicher, wenn man sie in dieser Weise entstehen sieht, als wenn man sie nur als fertige betrachtet.“ [19]

Die große Tragweite dieser neuen Sicht auf die Entstehung der Welt wurde von John Dewey, dem Präsidenten der amerikanischen Philosophischen Gesellschaft, erkannt und folgendermaßen beschrieben:

„Als Descartes sagte: 'Die Natur der physikalischen Dinge wird leichter verstanden, wenn man annimmt, dass sie schrittweise ins Dasein gekommen sind als wenn man denkt, dass sie nur auf einmal in einem fertigen und vollkommenen Zustand hervorgebracht worden sind' wurde sich die moderne Welt der Logik bewusst, die sie seither leiten sollte, der Logik, von der Darwins 'Ursprung der Arten' die letzte wissenschaftliche Errungenschaft ist.“ [20]

Blaise Pascal, ein Landsmann von Descartes und ein weiterer bekannter Schriftsteller des 17. Jahrhunderts, kommentierte die neue Idee mit diesen Worten:

„Ich kann Descartes nicht verzeihen; mit seiner ganzen Philosophie hat er alles gegeben, um Gott überflüssig zu machen. Trotzdem konnte er nicht umhin, Ihn die Welt mit einem Fingerschnipsen in Bewegung setzen zu lassen; und danach hatte er keine Verwendung mehr für Gott.“ [21]

Drei Jahrhunderte später war es dann der belgische Astrophysiker Georges Lemaître, der den von René Descartes eingeschlagenen Weg weiterverfolgte. Er untersuchte einen natürlichen Prozess, die Rotverschiebung des Sternenlichts, und interpretierte ihn als Dopplereffekt, der durch eine Rückwärtsbewegung der Sterne verursacht würde, ähnlich wie sich das Geräusch der Sirene eines Krankenwagens

---

[19] René Descartes, *Abhandlung über die Methode*, Teil V, S. 52 - 53.
[20] J. Dewey in: *Great Books of the Western World*, R. M. Hutchins, Editor, Vol. 31, Descartes / Spinoza, Encyclopedia Britannica, S. 55-56.
[21] Blaise Pascal, *Pensées*, Section 2, S 77.

zu niedrigeren Frequenzen verschiebt, wenn das Fahrzeug sich von uns entfernt. Diese vermutete Bewegung extrapolierte er dann zurück in die fernste Vergangenheit, zum vermeintlichen Ursprung der Welt. Er bewegte sich also exakt innerhalb der oben erwähnten Vorstellung: *„von der Zeit her... verbleibt alles so, seitdem die geschaffenen Dinge ihren Anfang genommen"*, so wie es der Apostel Petrus vorhergesagt hatte. Und daraufhin veröffentlichte Lemaître 1931 in der angesehenen Zeitschrift *Nature* einen Artikel mit dem Titel „Der Anfang der Welt aus der Sicht der Quantentheorie". Seine Extrapolation führte ihn zu der Schlussfolgerung:

„Wenn wir im Lauf der Zeit zurückgehen, werden wir zwangsläufig immer weniger Quanten finden, bis wir die gesamte Energie des Universums in wenigen oder sogar in einem einzigen Quantum verpackt finden."[22]

Diese Verkündigung eines ersten Atoms, das irgendwann explodierte und sich dann allmählich zum heutigen Universum entwickelte, markierte den Geburtstag der heute als „Urknalltheorie" bezeichneten Idee.

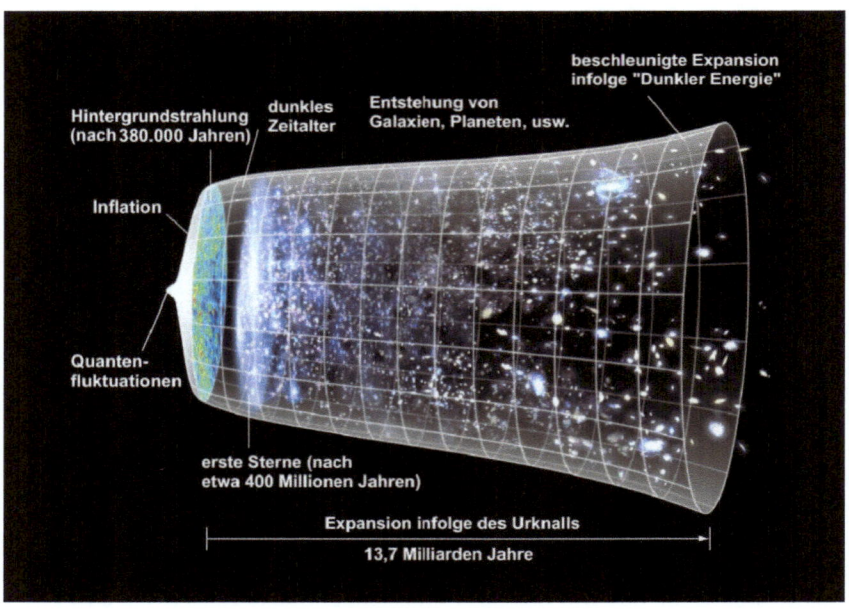

Abb. 1: Schematische Darstellung der Entwicklung des Universums im Urknallmodell. Die Zeitachse geht von links nach rechts. Quelle: NASA

---

[22]Georges Lemaître, *Nature* (127), 1931, S. 706.

Im Rahmen dieser Hypothese wird das Alter der Welt auf verblüffend einfache Weise berechnet, indem man das Grundgesetz der linearen Bewegung anwendet, also mit derselben mathematischen Formel, die für die Bewegung von Fahrrädern oder Autos verwendet wird:

Entfernung = Geschwindigkeit multipliziert mit der Bewegungsdauer

Geht man also von einer gleichförmigen Bewegung der Himmelkörper mit konstanter Geschwindigkeit aus, so ergibt sich die Reisezeit eines jeden Sterns seit seinem Ursprung im frühen Universum einfach aus dem Quotienten von Entfernung geteilt durch Geschwindigkeit (viele Autoren fügen noch einen "Schwerkraftkorrekturfaktor" von 2/3 hinzu). Die Sterne hätten ihre Bewegungen mehr oder weniger zur gleichen Zeit und am gleichen Punkt begonnen, relativ nahe am Urknall. Und dieser Zeitpunkt – plus vierhunderttausend Jahre bis zur Entstehung der ersten Sterne - wird mit dem Alter der Welt gleichgesetzt. Nach dem so genannten „Hubble'schen Gesetz" weisen im Allgemeinen alle Sterne oder Galaxien den gleichen Quotienten aus Geschwindigkeit und Entfernung auf. Sie müssten also alle das gleiche Alter für das Universum liefern, und dieses Alter wird mit 13,7 Milliarden Jahren angegeben.

Doch bereits an dieser Stelle lassen sich schwerwiegende Einwände gegen die Gültigkeit dieser einfachen Berechnung erheben:

1) Die Geschwindigkeit eines Sterns lässt sich nicht mit Sicherheit aus seiner Rotverschiebung ableiten. Wir können nicht ausschließen, dass andere Effekte die beobachteten Rotverschiebungen verursachen können.

2) Die Entfernung eines Sterns oder einer Galaxie lässt sich nicht mit Sicherheit aus seiner Lichtschwäche ableiten. Bei dieser Standardmethode wird anhand einfacher geometrischer Überlegungen angenommen, dass, wie bei einer Kerze in einem Zimmer, eine doppelt so weit entfernte Leuchtquelle nur mit einem Viertel der Helligkeit wahrgenommen wird.[23] Wir können bei Sternen nicht ausschließen, dass auch andere Effekte die beobachteten Lichtschwächen verursachen können.

3) Wenn sich die Sterne wirklich von uns wegbewegen, dann ist nicht bewiesen, dass die Geschwindigkeit dieser Bewegung immer gleich gewesen ist, gemäß

---

[23]Die Lichtteilchen, die Photonen, verteilen sich von der Lichtquelle ausgehend auf einer gedachten Oberfläche einer Kugel mit dem Radius r, der gleich dem Abstand zwischen Lichtquelle und Beobachter sei. Da die Kugeloberfläche quadratisch mit dem Radius wächst, verdünnt sich die Teilchendichte am Ort eines Beobachters, der doppelt so weit wie r von der Lichtquelle entfernt ist, auf ein Viertel.

der Idee: *„von der Zeit her… verbleibt alles so, seitdem die geschaffenen Dinge ihren Anfang genommen"*. Wir können nicht ausschließen, dass die Bewegung in der Vergangenheit eine andere war.

Trotz dieser grundlegenden Einwände, auf die wir weiter unten zurückkommen werden, wurde die These von Georges Lemaître weitgehend als gesicherte Tatsache akzeptiert. In diesem Zusammenhang begegnet man häufig der Aussage, dass die Sterne so weit entfernt seien, dass es offensichtlich wäre, dass das Licht Milliarden Jahre benötigen würde, um uns zu erreichen. Aber auch hier liegt eine Variante des Uniformitarismus zugrunde, der aus philosophischen Gründen nicht zulässt, dass manche Naturprozesse früher mit anderer Geschwindigkeit abgelaufen sein können als heute. Ebenso können sie auch an anderen *Orten* schneller ablaufen, wie etwa die Fortbewegung des Lichts. Dazu schreibt der Physiker William Rosser (bekannt durch die Rosser-Gleichung des Elektromagnetismus) in seinem Werk „Eine Einführung in die Relativitätstheorie":

„Wenn Gravitationsfelder vorhanden sind, können die Geschwindigkeiten sowohl von materiellen Körpern als auch von Licht je nach Stärke des Gravitationsfeldes beliebige Zahlenwerte annehmen."[24]

Argumente für das kosmologische Standardmodell

Das wichtigste empirische Argument, das für das Urknallmodell spricht, ist die Beobachtung des kosmischen Mikrowellenhintergrunds. Auf der Grundlage von Modellrechnungen wurde seine Existenz von Alpher und Herman in einer Veröffentlichung in *Nature* am 13. November 1948 prognostiziert und seine Temperatur auf 5 K festgelegt, d. h. -268 °C. 17 Jahre später wurde der Mikrowellenhintergrund dann tatsächlich entdeckt. Seine Temperatur wurde mit 2,73 K gemessen. Diese Beobachtung, die der Vorhersage folgte, wurde und wird von vielen als Beweis für die Urknallkosmologie und alle oben genannten Annahmen zum Alter des Universums angesehen.

In dem 2012 erschienenen Buch „Ein anderer Kosmos?" von Thomas Lepeltier von der Universität Oxford und Jean-Marc Bonnet-Bidaud vom französischen Kommissariat für Kernenergie untersuchen mehrere Astrophysiker die Stichhaltigkeit der Argumente, die als Beweis für das Urknallmodell angeführt werden. Sie weisen darauf hin, dass sowohl die Rotverschiebung als auch die Mikrowellenhintergrundstrahlung nicht zwingend auf ein kosmisches Explosionsszenario zurückzuführen sind, sondern dass es auch andere Möglichkeiten gibt, diese Beobachtungen zu erklären. So sagte Sir Arthur Eddington

---

[24]W. G. V. Rosser, *An Introduction to the Theory of Relativity*, S. 460.

bereits 1926, also 22 Jahre vor Alpher und Herman, die Existenz einer kosmischen Mikrowellenstrahlung voraus.[25] Er kam jedoch nicht aufgrund eines Urknallmodells zu diesem Schluss, sondern aufgrund der mit der beobachtbaren Sternenstrahlung verbundenen Energie. Daraus errechnete er, dass die Temperatur, d. h. die Strahlung, im leeren Raum zwischen den Sternen bei 3,2 K liegen muss. Damit lag seine Vorhersage wesentlich näher an dem tatsächlich gemessenen Wert von 2,7 K als der Wert, der auf der Urknallannahme beruht und um über 80 % daneben liegt. Im selben Jahr 1926 ging Erich Regener von der Energieverteilung der kosmischen Teilchen aus und kam ebenfalls zu dem Schluss, dass eine Mikrowellenhintergrundstrahlung existieren muss. Sein völlig anderes Modell führte ihn zu einer Temperatur von 2,8 K. Ein weiteres Beispiel ist die Vorhersage von Fred Hoyle im Jahr 1964. Ausgehend von dem im Weltraum beobachteten Helium, das er als Produkt stark exothermer Wasserstofffusionsreaktionen interpretierte, ermittelte er eine kosmische Hintergrundtemperatur von 2,78 K, die nur 0,05 K vom tatsächlichen Wert der ein Jahr später entdeckten Strahlung abwich.

Ganz offensichtlich beweist diese Entdeckung also kein kosmologisches Modell, d. h. kein kosmisches Ursprungsszenario. Bonnet-Bidaud formulierte zusammenfassend:

„Aufgrund des Fehlens dieser fundamentalen Bestätigungen kann der ‚kosmologische‘ Charakter der Hintergrundstrahlung heute nicht als bewiesen angesehen werden ... Wegen ihrer sehr schwachen Energie kann sie durch eine Vielzahl von physikalischen Prozessen erzeugt werden.“ [26]

Gleiches trifft auf die Rotverschiebung des Sternenlichts zu. Der Astronom Edwin Hubble, der viel Pionierarbeit bei der Beobachtung der Rotverschiebung geleistet hat – nach ihm ist das sogenannte „Hubble-Gesetz“ benannt –, räumte ein, dass es eine andere Ursache für die Rotverschiebung geben könnte, etwa einen Energieverlust des Lichts, während es unterwegs ist. Die Frequenz eines Lichtteilchens ist proportional zu seiner Energie. In einer Veröffentlichung aus dem Jahr 1936, fünf Jahre nach Lemaîtres Interpretation der Rotverschiebung als Dopplereffekt, wies er darauf hin, dass das Urknallmodell nicht bewiesen sei:

„Obwohl keine andere plausible Erklärung für Rotverschiebungen gefunden wurde, muss die Interpretation als Geschwindigkeitsverschiebungen als eine Theorie betrachtet werden, die noch durch unmittelbare Beobachtungen zu überprüfen ist.“ [27]

---

[25] J.-M. Bonnet-Bidaud, *La lumière diffuse de l'univers* in *Un autre cosmos?*, T. Lepeltier, J.-M. Bonnet-Bidaud, 2012, S. 75 – 97.
[26] Ebd., S. 96.
[27] E. Hubble, *The Realm of the Nebulae*, Dover, New York 1958, ursprünglich veröffentlicht 1936, S. 33-34.

Edwin Hubble räumte ein, dass es andere physikalische Prozesse geben kann, die zu einer Rotverschiebung führen, auch wenn wir sie noch nicht verstehen, beispielsweise diesen:

*„Licht **kann** während seiner Reise durch den Raum Energie verlieren, aber wenn das der Fall ist, wissen wir noch nicht, wie dieser Verlust erklärt werden kann."* [28]

Andere wie beispielsweise der Astronom Jayant Narlikar erwägen, dass die effektive Masse der Atome auf fernen Sternen anders sein könnte als die Masse der Atome auf nahen Sternen. Da die Frequenz des von den Atomen ausgestrahlten Lichts mit ihrer Masse korreliert, würde dies zur Emission niedrigerer Lichtfrequenzen, also zur Beobachtung einer Rotverschiebung führen. [29] Obwohl die Diskussion über ungelöste Probleme solcher alternativen Modelle andauert – etwa die bisher noch ausstehende Erklärung für das Schwarzkörper-Strahlungsspektrum der Mikrowellen-Hintergrundstrahlung –, zeigt dies, dass nicht ausgeschlossen werden kann, dass es andere physikalische Prozesse gibt, die die wahre Ursache für die Rotverschiebungen sind. Edwin Hubble hat darauf hingewiesen, dass auch die Doppler-Interpretation der Rotverschiebung nicht unproblematisch ist:

„Die sorgfältige Untersuchung möglicher Quellen von Unsicherheiten legt nahe, dass die Beobachtungen wahrscheinlich erklärt werden können, wenn Rotverschiebungen keine Geschwindigkeitsverschiebungen sind. Wenn es sich bei den Rotverschiebungen um Geschwindigkeitsverschiebungen handelt, müssen einige wichtige Faktoren bei der Untersuchung vernachlässigt worden sein." [30]

In einem anderen Buch aus dem Jahr 1942 schreibt Hubble:

„Wenn andererseits der Rückzugsfaktor weggelassen wird, wenn Rotverschiebungen nicht in erster Linie Geschwindigkeitsverschiebungen sind, ergibt sich ein einfaches und plausibles Bild." [31]

In diesem Sinne kam er in seinem im selben Jahr veröffentlichten Aufsatz „The problem of the expanding universe" zu folgendem Schluss über das Modell von Lemaître:

---

[28] E. Hubble, *The Observational Approach to Cosmology*, Clarendon Press, Oxford 1937, S. 30.

[29] J.-M. Bonnet-Bidaud, *La lumière diffuse de l'univers* in *Un autre cosmos?*, T. Lepeltier, J.-M. Bonnet-Bidaud, 2012, S. 45-57.

[30] E. Hubble, *The Realm of the Nebulae*, Dover, New York 1958, ursprünglich veröffentlicht 1936, S. 197.

[31] E. Hubble, *The Observational Approach to Cosmology*, Clarendon Press, Oxford 1937, S. 63-64.

„Alle Schwierigkeiten werden auf die Interpretation der Rotverschiebungen verlagert, die demnach nicht die bekannten Geschwindigkeitsverschiebungen sein können." [32]

Es gibt noch einen weiteren triftigen Grund, an der kosmologischen Interpretation der Rotverschiebungen zu zweifeln. Die Harvard University hat ein Diagramm der gemeldeten Werte für die Hubble-Konstante H_0 während der letzten hundert Jahre veröffentlicht.[33] Die Hubble-Konstante, der Quotient aus Geschwindigkeit und Entfernung der Sterne, wird als Kehrwert des berechneten Alters des Universums angesehen.

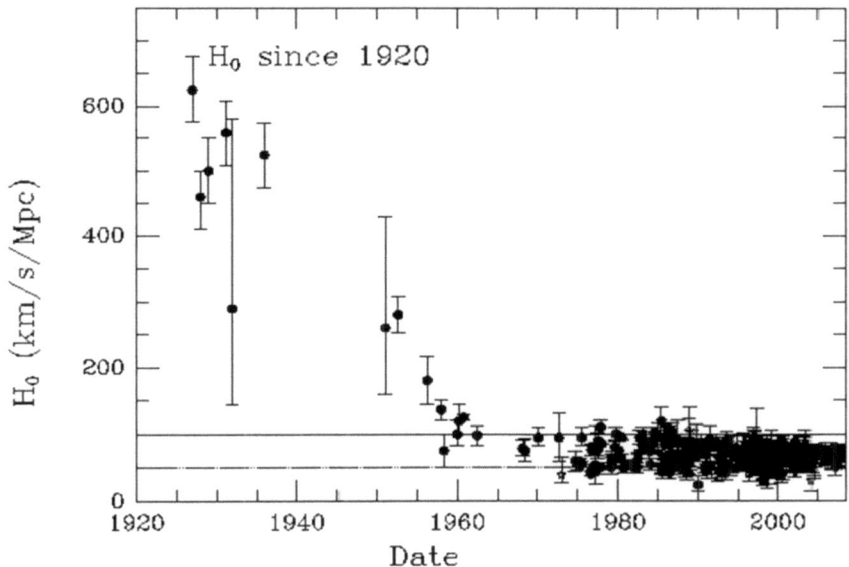

Abb. 2: Berichtete Werte der „Hubble-Konstante" von 1920 bis 2008.

Um 1930 wurden Werte für H_0 von ca. 500 km / s / Megaparsec ermittelt, was einem Alter von 2 Milliarden Jahren entspräche. 20 Jahre später wurden diese Ergebnisse durch H_0-Werte ersetzt, die nur halb so groß waren. Weitere 20 Jahre später wurden auch diese Werte als falsch gemeldet und durch nur 70 km / s / Megaparsec ersetzt.

---

[32]E. Hubble, *The problem of the expanding universe*, American Scientist (30) 1942, S. 99-115.
[33]https://www.cfa.harvard.edu/~dfabricant/huchra/hubble, Zugriff 29. März 2021.

Dies entspräche einem Alter von 13,7 Milliarden Jahren. Und auch heute noch stimmen die gemeldeten Werte nicht miteinander überein. Der Wert von 70 km / s / Megaparsec ist nur der Durchschnitt vieler konkurrierender Messergebnisse, die um bis zu 100 % voneinander abweichen und damit abgeleitete Alterswerte zwischen 10 Milliarden Jahren und 30 Milliarden Jahren liefern.

Die beobachteten gewaltigen Diskrepanzen bei der Hubble-Konstante beweisen die Unzuverlässigkeit dieser Angaben. Außerdem: Wenn die Altersberechnungsmethode zutrifft, dann sind entweder die Messergebnisse der Rotverschiebungen oder der Lichtschwächen   - oder beide zumindest teilweise - falsch interpretiert. Wenn die Helligkeiten wirklich die Entfernungen anzeigen, dann beweist das Diagramm, dass die Messergebnisse der Rotverschiebung zumindest zu einem großen Teil nicht von der Raumexpansion stammen, sondern von etwas anderem. Denn wie könnte sonst $1/H_0$ = Entfernung/Geschwindigkeit für alle Galaxien das gleiche Alter für das Universum liefern? Wenn andererseits die Rotverschiebungen tatsächlich die Raumexpansion anzeigten, dann sind die gemessenen Lichtschwächen zumindest zu einem großen Teil nicht auf ihre Entfernungen zurückzuführen, sondern auf etwas anderes (z.B. Lichtabsorption durch sogenannten „grauen Staub").

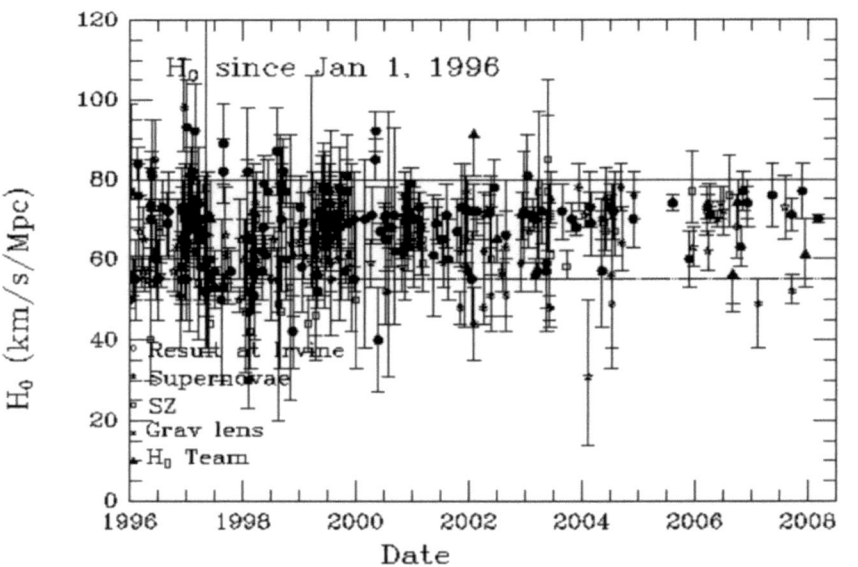

Abb. 3: Vergrößerter Ausschnitt aus Abb. 2 mit neueren berichteten Werten der „Hubble-Konstante", von 1996 bis 2008.

Die Isotropie der Rotverschiebung

Ein frappierender Widerspruch zum kosmologischen Modell von Lemaître ergibt sich aus der Art und Weise, wie die Lichtfrequenzspektren von Sternen und Galaxien verteilt sind, wenn wir sie von unserer Position, der Erde, aus beobachten. Stephen Hawking berichtet über diese bemerkenswerte Entdeckung:

„Damals waren die meisten Menschen überzeugt, dass sich die Galaxien recht zufällig bewegen, und erwarteten daher, ebenso viele blau verschobene Spektren wie rot verschobene vorzufinden. Es war
daher eine ziemliche Überraschung, dass die meisten Galaxien rotverschoben erschienen ... [34]

Diese Messungen haben eine weitreichende Bedeutung, worauf Hawking auch hinweist:

„Auf den ersten Blick könnten all diese Beweise dafür, dass das Universum gleich [d.h. rotverschoben] aussieht, egal in welche Richtung wir schauen, darauf hindeuten, dass wir im Universum einen besonderen Platz einnehmen. Vor allem könnte man meinen, dass wir – wenn wir beobachten, dass sich alle anderen Galaxien von uns wegbewegen – uns im Zentrum des Universums befinden müssen. [35]

Auch Edwin Hubble war sich dessen bewusst und erkannte den Konflikt zwischen der Urknallhypothese und dem Kopernikanischen Prinzip, der unbewiesenen Grundannahme der modernen Astronomie, das festlegt, dass es keinen besonderen Ort im Universum geben darf:

„Ein solcher Zustand würde bedeuten, dass wir eine einzigartige Position im Universum einnehmen, die in gewisser Weise der antiken Vorstellung von einer zentralen Erde entspricht. Die Hypothese kann nicht widerlegt werden, aber keiner will sie haben, und sie würde nur als letzter Ausweg akzeptiert werden, um die Phänomene zu retten... Die unwillkommene Annahme einer bevorzugten Lage muss um jeden Preis vermieden werden.“ [36]

Um weder das Urknallmodell noch das Kopernikanische Prinzip aufzugeben, entwarfen Astrophysiker eine neue Idee: Der Raum dehnt sich nicht nur aus, sondern jeder einzelne Punkt im Raum ist ein Zentrum dieser Ausdehnung. Mit anderen Worten: So wie jeder Punkt auf der Oberfläche eines aufgeblasenen

---

[34]Stephen Hawking, *A Brief History of Time*, S. 39.
[35]Ebd., S. 42.
[36]Edwin Hubble, *The Observational Approach to Cosmology*, 1937, S. 50-51.

Luftballons ein Zentrum einer zweidimensionalen Ausdehnung ist, so ist jeder Punkt im Universum das Zentrum einer dreidimensionalen Ausdehnung. Oder, wie Hubble die Konsequenzen dieser neuartigen, unbewiesenen Kräfte beschreibt, die nicht aus wissenschaftlichen Gründen eingeführt wurden, sondern um eine philosophische Vorgabe zu erfüllen:

"...alle Beobachter, unabhängig von ihrem Standort, werden das gleiche allgemeine Bild des Universums sehen ... wenn wir die Nebel [Galaxien] sehen, die sich alle von unserer Position im Raum entfernen, dann wird jeder andere Beobachter, egal wo er sich befindet, sehen, dass sich die Nebel alle von seiner Position entfernen. Dennoch, die Voraussetzung ist angenommen. Es darf keinen bevorzugten Ort im Universum geben, kein Zentrum, keine Grenze; alle müssen das Universum gleich sehen."[37]

Es hat noch weitere kreative Erfindungen zur Rettung der Urknalltheorie gegeben, die - wie die Raumexpansion aus jedem Punkt heraus - keine empirische Grundlage haben und auf Dingen beruhen, die außerhalb der Naturwissenschaften stehen. Darauf wird unten genauer eingegangen. Hier sei noch erwähnt, das auch dann, wenn die Rotverschiebung nicht als Raumexpansion gedeutet wird, die Konfrontation zwischen der kopernikanischen Hypothese und der astronomischen Beobachtung schwerwiegend ist, wie der Physiker Paul David erklärt:

„Man hat immer gewusst, dass eine Rotverschiebung des Lichts eine andere Ursache haben kann – die Schwerkraft... Da wir nur Rotverschiebungen sehen, ganz gleich in welche Richtung wir in den Himmel schauen, wäre das nur dann mit einer Gravitationserklärung vereinbar, wenn sich die Erde im Zentrum eines inhomogenen Universums befindet."[38]

Der kosmische „Fossilbericht"

Wenn wir davon ausgehen, dass die Urknalltheorie wahr ist, dann haben wir die Möglichkeit, nicht nur räumlich, sondern auch zeitlich weit entfernte Ereignisse zu sehen. Dies folgt aus der Annahme, dass das Licht von weit entfernten Sternen viel Zeit braucht, um uns zu erreichen. Wenn wir also einen Stern am Ende des Universums betrachten, sehen wir nur die Spitze des Lichtstrahls, der vor ca. 13 Milliarden Jahren ausgesandt wurde. Wir würden den „jungen" Teil des Lichtstrahls sehen, der ausgesandt wurde, als der Stern zu existieren begann. Er würde uns also in unseren Teleskopen ein Bild von dem zeigen, was in einem frühen Stadium des

---

[37]Edwin Hubble, ebd., S. 54.
[38]Paul C. W. Davies, "Cosmic Heresy?", *Nature*, 1978, S. 273-336.

Universums geschah. Bei nahen Sternen ist die Situation anders. Obwohl sie ihr Licht zur gleichen Zeit wie die fernen Sterne auszusenden begannen, wäre der größte Teil des Lichtstrahls bereits an uns vorbeigezogen. Wir würden nur ältere Teile des Lichtstrahls sehen, die uns demzufolge etwas über Ereignisse in einem späteren Stadium der Sterne oder Galaxien erzählen.

Unter diesen Umständen müssten wir entfernte Galaxien generell in einem viel unreiferen Zustand sehen als nahe Galaxien. Wir müssten eine kosmische Evolution sehen - aber das ist nicht der Fall. Ein Artikel von Marcus Chown im *New Scientist* zitiert den Astronomen Eric Lerner über das Alters-Erscheinungsbild von weit entfernten Galaxien:

„Die Bildung der entferntesten Galaxien ist näher am Urknall, da ihr Licht Milliarden Jahre brauchte, um uns zu erreichen. Deshalb werden diese Galaxien gesehen wie 'jung, bei ihrer Geburt'. Das Problem ist, dass sie nicht die Erscheinung von 'jung' haben, sagt Lerner, 'wir sehen nur alte Galaxien, die ziemlich die gleiche Sternenbandbreite haben wie heutige Galaxien.'"[39]

Abb. 4: Galaxien in der Tiefe des Weltalls

---

[39]Marcus Chown, *New Scientist*, 29. Juni 2005, S. 30.

Das bestätigt Professor Richard Ellis vom California Institute of Technology, der die Beobachtungsdaten über die Galaxien am „Rand des Universums" so zusammenfasst:

„Das eigentlich Rätselhafte ist, dass diese Galaxien schon ziemlich alt gewesen zu sein scheinen, als das Universum erst etwa 5 Prozent seines gegenwärtigen Alters hatte." [40]

Aus diesem Grund ist die Situation mit dem kosmischen „Fossilbericht" durchaus vergleichbar mit dem geologischen Fossilbericht. Wäre die Zeitskala zutreffend, dann würden die Beobachtungen für Stasis sprechen. Eine kosmische Evolution ist nicht beobachtbar, obwohl diese eine Kernaussage der Urknalltheorie ist. Jeglicher astronomische Hinweis auf eine Entwicklung fehlt, wo sie in aller Deutlichkeit hätte hervortreten sollen.

Die Entstehung der Sterne

Ähnlich wie die Versuche gescheitert sind, die Entstehung des Lebens durch natürliche Prozesse zu erklären, so sind auch alle Versuche gescheitert, die Entstehung der ersten Sterne naturalistisch zu erklären.

Die Theorien zur Entstehung von Sternen gehen vom Chaos eines Urknalls aus: Das extrem heiße Universum hätte sich ausgedehnt und dabei abgekühlt, so dass frei umherfliegende Elektronen von den Kernen der leichten Elemente eingefangen werden konnten. Dadurch seien die ersten Atome entstanden, die sich zu Gasnebeln zusammenfügten. Diese Wolken, so das Modell, zogen sich aufgrund der Anziehungskraft der sie bildenden Moleküle zusammen. Auf diese Weise sei die Materie sehr dicht und heiß geworden und habe schließlich leuchtende Sterne hervorgebracht.

Es gibt jedoch ein Naturgesetz – das allgemeine Gasgesetz –, das in einem solchen Szenario aufgehoben werden müsste. Es besagt, dass die Volumenverkleinerung von Gasen unweigerlich zu einem steigenden Gasdruck führt. Dieser drückt die Gasmoleküle in die der Schwerkraft entgegengesetzten Richtung, nämlich nach außen. Und der Gasdruck ist viel stärker als die Schwerkraft. Das lässt sich anhand des Sprühkopfs einer Spraydose veranschaulichen. Wenn der Auslöser gedrückt wird, wird das unter Druck stehende Gas in die Umgebung freigesetzt, aber der umgekehrte Vorgang, dass Gas von außen in den unter Druck stehenden Sprühkopf

---

[40]Richard Ellis, *Keck and Spitzer find first stars in distant galaxies*, 2005, https://keckobservatory.org/keckand_spitzer_find_first_stars_in_distant_galaxies (Zugriff 29. März 2021)

eintritt, ist unmöglich. Das Gleiche gilt für Gase in einem kosmischen Nebel. Sie können sich nicht durch ihre Schwerkraft zusammenziehen, da ihr Gasdruck sie wieder auseinanderdriften lässt. Um dieses fundamentale Problem zu lösen, wurden unterschiedliche Lösungen vorgeschlagen:

Eine Supernova-Explosion könnte eine Druckwelle erzeugt haben. Diese enorme Kraft könnte auf eine benachbarte Gaswolke einen so hohen Druck ausgeübt haben, dass die Abstoßung durch den Gasdruck überwunden wurde und die Moleküle so sehr verdichtet wurden, dass schließlich die Gravitationskräfte sie zu einem Stern zusammenballten.

Selbst wenn diese Annahme funktionieren würde, löst sie nicht das grundlegende Problem der Entstehung des ersten Sterns, denn eine Supernova ist die Explosion eines *bereits existierenden* Sterns.

Eine andere Annahme beruht auf der Injektion von kalten Teilchen in die Gasnebel. Dadurch könnte die Gastemperatur so weit gesunken sein, dass der Druck ausreichend reduziert wurde, um die Abstoßung zu überwinden.

Doch selbst wenn dieses Szenario funktionieren würde, lässt sich in den Modellrechnungen nicht vermeiden, dass diese Körner und Teilchen zuvor in einem *bereits existierenden* Stern entstanden sein müssen.

Des Weiteren wurde vorgeschlagen, die Kollision zweier Galaxien könnte die zwischen ihnen liegenden Nebel so stark komprimiert haben, dass Sterne entstanden sind.

Auch diese Hypothese geht nicht auf die grundlegende Frage nach dem Ursprung des ersten Sterns ein, da sie von Galaxien ausgehen muss, die sich aus *bereits existierenden* Sternen zusammensetzen.

Da die Urknall-Kosmologie nicht umhinkommt, von einem Universum auszugehen, das nur mit Gas gefüllt war, lange bevor irgendein Stern existierte, stellt die bloße Existenz von Sternen einen unüberwindbaren Widerspruch zu dieser Theorie dar. Dass die Kosmologen keinen Weg finden, ihre Theorien mit den Naturgesetzen in Einklang zu bringen, wird in der astronomischen Fachliteratur eingestanden. In dem Lehrbuch von Eva Nowotny können wir beispielsweise nachlesen:

„Der Prozess, durch den eine interstellare Wolke konzentriert wird, bis sie durch die Gravitation zu einem Protostern zusammengehalten wird, ist nicht bekannt."[41]

---

[41]Eva Novotny, *Introduction to Stellar Atmospheres and Interiors*, Oxford University Press Inc, S. 279.

Und Martin Harwit gestand in einer Buchbesprechung in der Zeitschrift *Science* ein:

„Die stille Verlegenheit der modernen Astrophysik besteht darin, dass wir nicht wissen, wie auch nur ein einziger dieser Sterne entstehen konnte."[42]

Und ein weiterer Artikel in *Science* bestätigt, dass die Urknall-Kosmologie über 80 Jahre nach ihrer Entstehung immer noch im Widerspruch zu den Naturgesetzen steht:

„Der Ursprung der Sterne stellt eines der fundamentalsten ungelösten Probleme der heutigen Astrophysik dar."[43]

Der Kernpunkt

Neben all diesen wichtigen Argumenten gibt es eine grundsätzliche Erwägung, die bei der Bewertung der Urknalltheorie von zentraler Bedeutung ist: Das Universum ist unser freundliches und friedliches Zuhause. Wir leben auf dem Planeten Erde, umgeben von unzähligen Himmelskörpern, und seit Tausenden von Jahren sind die physikalischen Parameter auf der Erde und um uns herum gleichbleibend sehr günstig für unsere Bedürfnisse. Nur wenig wäre nötig, um die Erde in eine feindliche, zerstörerische Umgebung zu verwandeln, gleich den Umgebungen der anderen Himmelskörper. Diese sind allesamt tödliche Wüsten aus Hitze, Kälte, Strahlung, Trockenheit, gewaltigen Stürmen oder Vulkanen. Im Unterschied zu ihnen ist die Erde wie ein prächtiger Garten, bedeckt mit schönen Wiesen und Wäldern, sanften Bergen und fruchtbaren Äckern, ruhigen Seen und weiten Ozeanen. Sie ist bevölkert von allen möglichen Lebewesen im Wasser, auf dem Festland und in der Luft. Unsere Biosphäre ist ein wohlgeordnetes und fein abgestimmtes System. Die komplizierten und sehr empfindlichen biochemischen Prozesse in den Zellen der Lebewesen können nur funktionieren, weil der größte Teil der Erdoberfläche seit jeher auf Temperaturen zwischen 0 °C und 40 °C gehalten wird. Dieses sehr enge Temperaturfenster hätte in der Vergangenheit leicht überschritten werden können, wenn die Sonne uns etwas näher oder etwas weiter von uns entfernt gewesen wäre, oder wenn sich ihre thermische Aktivität um ein Geringes verändert hätte. Wären Tag und Nacht länger als 24 Stunden, würde dies zu drastischen klimatischen Unterschieden führen, da die Sonne dann über lange Zeitdauern aufheizen würde und dann wieder lange Zeiträume der Abkühlung folgen würden. Wäre das irdische Jahr so lang wie das Jahr auf dem Uranus – 84 Jahre – oder so kurz wie auf dem Merkur – 88 Tage –, dann würden die Lebenszyklen von

---

[42]Martin Harwit, Book review in *Science* (231) 1986, S. 1201-1202.
[43]Charles J. Lada and Frank H. Shu, "The Formation of Sunlike Stars", *Science* (248) 1990, S. 564.

Saat und Ernte nicht mehr zu den Wachstumsperioden der Pflanzen passen. Wenn der Winkel zwischen der Äquatorebene und der Linie Erde-Sonne nicht den vorteilhaften Wert von 23,5° hätte, dann würden die Kontraste zwischen Sommer und Winter viel stärker sein, und die Fläche mit günstigen Lebensbedingungen würde sich erheblich verringern. Es gibt noch viele weitere einzigartige Eigenschaften wie das Vorhandensein von flüssigem Wasser und trockenem Land, die günstige Zusammensetzung der Erdatmosphäre mit den richtigen Konzentrationen von Sauerstoff und Kohlendioxid, die Verfügbarkeit von Stickstoff, Kohlenstoff und vielen anderen Chemikalien, die für das Leben unverzichtbar sind. Die Erde verfügt außerdem über ein lebenswichtiges Magnetfeld, das sie gegen die schädliche kosmische Strahlung abschirmt. Sie bleibt auch weitgehend verschont von schweren Erdbeben, Vulkanausbrüchen, Radioaktivität oder giftigen Chemikalien und wird durch eine schützende Ozonschicht in der Stratosphäre vor der schädlichen ultravioletten Strahlung geschützt.

Vor diesem Hintergrund drängt sich die Frage auf: Ist es vorstellbar, dass unsere fein abgestimmte kosmische Wohnstätte das Ergebnis einer gigantischen Explosion ist? Gibt es physikalische Prozesse, durch die sich ein expandierender chaotischer Hot Spot, Urknall genannt, über Milliarden von Jahren zu dem geordneten und friedlichen Ort entwickeln konnte, auf dem wir heute leben?

Die Naturwissenschaft sagt uns, dass das nicht möglich ist. Ihr fundamentalstes Gesetz ist der sogenannte "Zweite Hauptsatz der Thermodynamik", der lediglich eine physikalische Formulierung unserer alltäglichen Erfahrung ist. Dieses Gesetz besagt, dass alle physikalischen und chemischen Reaktionen immer nur von Ordnung zu Unordnung verlaufen können und niemals umgekehrt. Nach der Urknallhypothese war die Entropie, also die Unordnung, im Universum ursprünglich am größten. Da diese Entropie im Laufe der Zeit nicht abgenommen haben kann, also Ordnung nicht von selbst entstanden sein kann, widerlegt die Existenz eines wohlgeordneten Ortes wie unserer Umgebung die Idee einer kosmischen Evolution.

Gelegentlich wird gegen diese Schlussfolgerung der Einwand erhoben, dass die Einschränkungen der Thermodynamik für so genannte offene Systeme nicht gelten. "Offen" bedeutet, dass Materie und insbesondere Energie mit der Umgebung ausgetauscht werden können. Und in der Tat gibt es Prozesse in offenen Systemen, die scheinbar aus Unordnung Ordnung erzeugen können, wie beispielsweise die Bildung von Schneeflocken aus einer Wasserdampfwolke bei Energieabgabe, d. h. bei Abkühlung der Wolke. All diese Phänomene funktionieren aber nur, wenn eine zugrundeliegende geordnete Struktur *bereits vorhanden* ist, die dann durch Erhitzen oder Abkühlen nur noch sichtbar gemacht wird. Im Fall der Schneekristalle ist es die bereits vorhandene geordnete Geometrie der H_2O-Moleküle, die sich beim Abkühlen zwangsläufig in Form einer sechsfach symmetrischen Kristallstruktur anordnen und sichtbar machen müssen. Die Ordnung von biologischen Zellen, von Sternen oder

der Erde ist hingegen nicht in der Geometrie der zugrunde liegenden Moleküle enthalten. Daher gehören sie nicht zu den Ausnahmen für offene Systeme. Das Abkühlen oder Erhitzen von Aminosäuren kann nicht die geordneten Strukturen einer Zelle hervorbringen. Und die Abkühlung eines Universums durch Expansion kann nicht die Gasmoleküle aufeinander zu bewegen, so dass sich daraus Sterne bilden. Ebenso wenig kann ein Abkühlvorgang all die oben beschriebenen Parameter exakt so einrichten, wie sie für unsere bewohnbare Erde unerlässlich sind.

Was der australische Physiker Josef Holzschuh über die Theorie der biologischen Evolution geschrieben hat, lässt sich also auf das Modell der kosmologischen Evolution übertragen:

„...[D]er Zweite Hauptsatz der Thermodynamik stellt ein unüberwindliches wissenschaftliches Hindernis für Evolution dar."[44]

Die unvermeidliche Schlussfolgerung aus der überwältigenden kosmischen Ordnung, insbesondere aus den fein-abgestimmten Naturphänomenen, ist die Existenz eines planvollen Schöpfers mit unfassbarer Intelligenz. Der britische Physiker Paul Davies fasst dies mit folgenden Worten zusammen:

„Ob man nun alle Einzelheiten in diesem Zusammenhang anerkennt oder nicht, die eigentliche Hypothese – dass es eine Art Schöpfung gegeben hat – scheint vom naturwissenschaftlichen Standpunkt aus zwingend. Der Grund dafür liegt unmittelbar in einer großen Menge naturwissenschaftlichen Beweismaterials, das im allgemeinsten bekannten physikalischen Gesetz, das wir kennen, seinen Niederschlag findet – dem zweiten Hauptsatz der Thermodynamik. Er besagt im weitesten Sinn, dass die Ordnung im Universum beständig abnimmt und sich allmählich, aber unaufhaltsam, in eine vollständige Unordnung verkehrt."[45]

Trotz dieser einfach zu erkennenden Gründe für die Existenz Gottes, wird von manchen ein scheinbarer letzter Ausweg vorgeschlagen, um einen planvollen Schöpfer doch nicht anerkennen zu müssen. Ein Landsmann von Davies, der Mathematik- und Astronomieprofessor Bernard Carr, erklärte dazu in einem Interview:

„Falls es nur ein Universum gibt, könntest Du einen Fein-Abstimmer haben müssen ... Falls Du Gott nicht möchtest, solltest Du besser ein Multiversum haben."[46]

Mit der Idee des Multiversums ist gemeint, dass es in Wirklichkeit nicht nur ein sondern unendlich viele Universen geben würde. Dann wäre es quasi unvermeidbar,

---

[44]J. Holzschuh, *A Scientific Critique of Evolution*, 2009, La Sapienza University Rome, S. 48.
[45]P. C. W. Davies, *Gott und die moderne Physik*, 1986, S. 28.
[46]B. Carr im Interview mit Rick Delano, im Kinofilm „*The principle*" von Robert Sungenis, 2012.

dass eines davon genau so gestaltet ist wie unseres. Die von uns beobachtete Ordnung wäre dann letztlich doch nur reiner Zufall. Sie musste irgendwann eintreffen, wenn man sich vergegenwärtigt, dass in unendlich vielen Universen auch unendlich viele verschiedene Anordnungen der Materie realisiert werden. Dass wir uns gerade in dem scheinbar für das Leben fein-abgestimmten Weltall befinden, ließe sich dann in einem Evolutionsmodell dadurch erklären, dass sich nur hier Leben überhaupt bilden konnte.

Bernard Carr beschreibt diesen Gedanken so:

„Diese Feinabstimmungen! Falls wir das einzige Universum sind, sind die Feinabstimmungen wirklich schwer zu erklären. Auf der anderen Seite, falls man ein Multiversum hat, dann ist es recht natürlich durch einen einfachen Selektionseffekt, dass wir in einem der Universen sein werden, das die Entstehung von Leben erlauben wird." [47]

Doch bei genauerer Betrachtung wird deutlich, dass diese Argumentation in Wirklichkeit keinen Ausweg aus der Anerkennung Gottes darstellt. Denn zum einen drängt sich die Frage auf: Woher kamen dann die unendlich vielen Universen? Wie und durch welche Mechanismen sind sie entstanden? Zum andern: Unser bewusster Geist, der über all diese Dinge nachdenkt, ist etwas prinzipiell anderes als eine chemisch-physikalische Reaktion. Auch noch so viele unterschiedliche Materie-Anordnungen in unendlich zahlreichen Universen wären nicht in der Lage, ein Bewusstsein hervorzubringen. Selbst wenn man unendlich viele Kieselsteine zur Verfügung hätte: Es gibt keine noch so geschickte Anordnung dieser Steine, durch die sie beispielsweise Schmerz bewusst spüren könnten. Deshalb wäre es schließlich doch ein gigantischer, nicht durch Naturprozesse zu erklärender Zufall, dass ein bewusster Geist sich gerade in dem Universum befindet, das aus unendlich vielen anderen so hochgradig geordnet und ist.

Schließlich wird an diesem Beispiel einmal mehr deutlich, dass man zur Vermeidung des Glaubens an Gott Mächte und Kräfte anerkennen muss, die grundsätzlich außerhalb der Naturwissenschaft liegen. Also wird auch hier das Übernatürliche angenommen. Doch dieser „Gott" hat mit dem Gott Abrahams, der die Welt aus Liebe für uns Menschen erschaffen hat und dem man sich im Gebet nahen kann, nichts gemeinsam.

---

[47] Ebd.

Weitere astronomische Beobachtungen

Neben diesen prinzipiellen Einwänden gibt es noch mehr astronomische Beobachtungen, die im Widerspruch zur Urknalltheorie stehen.

Zu ihnen gehört die Rotationsgeschwindigkeit von Spiralgalaxien. Diese ist so schnell, dass sie nicht mit der langen Rotationszeit vereinbar ist, welche die kosmologische Standardtheorie verlangt. Die Sterne wären schon längst aus der Galaxie herausgeschleudert worden, wenn sie wirklich so lange rotiert hätte, wie es das Urknallmodell voraussetzt. Die Diskrepanz zwischen der Theorie und den empirischen Daten ist enorm, es handelt sich nicht nur um eine vernachlässigbare, geringfügige Abweichung.

Anstatt jedoch die Urknalltheorie aufzugeben, wurde eine unbekannte zusätzliche Quelle der Schwerkraft in das Galaxienmodell eingeführt, die sogenannte „dunkle Materie". Ihre Existenz wurde nie empirisch nachgewiesen, aber ohne eine solche unsichtbare Hülle aus diesem unbekannten Stoff könnten die Spiralgalaxien nicht genügend Anziehungskraft auf ihre Sterne ausüben, um sie über lange Zeit zusammenzuhalten. Doch dieser „Korrekturfaktor" ist bei weitem größer als das, was eigentlich beschrieben werden soll:

„Die Masse, die Astronomen für Galaxien, einschließlich unserer eigenen, annehmen, ist etwa zehnmal größer als die Masse, die mit Sternen, Gas und Staub in einer Galaxie in Verbindung gebracht werden kann. Diese Massendiskrepanz wurde durch Beobachtungen von Gravitationslinsen bestätigt ... "[48]

Darüber hinaus haben Astronomen die Häufigkeit chemischer Elemente im Universum gemessen und festgestellt, dass sie nicht mit den Vorhersagen des Urknalls übereinstimmen. Die Anpassung eines freien Parameters, um die korrekten relativen Anteile von Wasserstoff und Helium zu erhalten, führte zu der Schwierigkeit, dass viel mehr Masse vorhanden sein müsste, als man sehen kann. Der Urknalltheoretiker Lawrence Krauss räumt ein:

„Die anfängliche Dichte von Protonen und Neutronen im Universum, die aus dem Urknall hervorgegangen sind, wie sie durch Anpassung an die beobachtete Häufigkeit von Wasserstoff, Helium und Lithium bestimmt wurde, macht etwa das Doppelte der Menge an Material aus, die wir in Sternen und heißem Gas sehen können. Wo sind diese Teilchen? "[49]

---

[48]NASA publication on https://map.gsfc.nasa.gov/universe/uni_matter.html (Zugriff am 30. März 2021).
[49]Lawrence M. Krauss, *A Universe from Nothing*, 2012, New York: Free Press, S. 24-25.

Auch hier wird die Existenz der „dunklen Materie" vorgeschlagen, um zu erklären, warum wir 50 % der von der Theorie vorhergesagten Masse nicht nachweisen können. Die Berechnungen setzen sogar voraus, dass diese dunkle Materie „nicht-baryonisch" ist, d. h. nicht aus Protonen, Neutronen und Elektronen besteht. Das sind jene Bauteile, aus denen alles besteht, was wir um uns herum in der Natur wahrnehmen können: jeder Feststoff, jede Flüssigkeit, jedes Gas. Um die Urknallhypothese zu retten, muss also ein riesiger Anteil von Dingen angenommen werden, die nichts mit unseren bekannten, natürlichen Beobachtungen gemeinsam haben.

Ein weiterer unerwarteter Befund Neuere Rotverschiebungsmessungen und ihre Interpretation als Geschwindigkeitsindikatoren deuten darauf hin, dass sich das Universum nicht nur ausdehnt, sondern dass es sich beschleunigt ausdehnt, also mit zunehmender Geschwindigkeit. Offensichtlich kann die gigantische Energie für diese Beschleunigung nicht aus der angenommenen urzeitlichen Explosion stammen. Eine Explosion ist typischerweise anfänglich am schnellsten und verlangsamt sich immer mehr. Hier aber muss nun das Gegenteil angenommen werden. Da der erste Hauptsatz der Thermodynamik besagt, dass Energie nur von einer Form in eine andere übertragen, aber niemals erzeugt oder zerstört werden kann, kann die Rotverschiebungsinterpretation und damit das gesamte Urknallmodell nur aufrechterhalten werden, wenn es bereits eine seltsame, nicht beobachtbare Energieform gibt, die diese Beschleunigung antreibt. Man hat ihr den Namen „dunkle Energie" gegeben, aber ihre Existenz wurde nie nachgewiesen. Ohne sie wäre das kosmologische Standardmodell nicht aufrechtzuerhalten.

Ein weiterer Widerspruch zur Urknalltheorie ist die Beobachtung der nahezu perfekten Homogenität der kosmischen Mikrowellenhintergrundstrahlung. Die Temperaturverteilung ist über das gesamte Universum so gleichmäßig, dass unsere Messungen in allen Himmelsrichtungen Schwankungen von nur einem 30 Millionstel Grad Kelvin ergeben. Daraus ergibt sich eine Schwierigkeit für das kosmologische Entstehungsszenario. Ein thermisch ausgeglichenes Universum, wie wir es beobachten, kann nur durch Wärmestrahlung in diesen Zustand gebracht worden sein, die von einer Seite des Universums zur anderen wanderte, bis alle Inhomogenitäten ausgeglichen waren. Solche Inhomogenitäten müssen in einem frühen Universum existiert haben, um die Art und Weise zu erklären, wie Galaxien heute zusammengeballt sind. Der US-amerikanische theoretische Physiker James Trefil beschreibt die Diskrepanz:

„Die Gleichmäßigkeit des Mikrowellenhintergrunds ist dem, was der Prozess der Galaxienbildung eigentlich von ihm verlangt, diametral entgegengesetzt... Wenn die Materie also zur Zeit der Bildung von Atomen schon zusammengeballt war, müssten heute Spuren dieser Zusammenballung in der kosmischen Hintergrundstrahlung vorhanden sein... Nachdem detaillierte Berechnungen angestellt worden sind, gilt es

als erwiesen, dass es unmöglich ist, diese beiden widersprüchlichen Erfordernisse in Einklang zu bringen."[50]

Das Problem ist die verzögerte Zeit, ab der sich elektromagnetische Wellen frei durch den Raum bewegen konnten. Unmittelbar nach dem Urknall wäre es noch so heiß gewesen, dass alle Atome vollständig ionisiert waren, so dass sich ihre Elektronen frei im Raum bewegen konnten. Die Elektronen hätten dabei stark mit den elektromagnetischen Wellen der Wärmestrahlung interagiert und sie daran gehindert, sich frei zu bewegen. Erst wenn das Universum eine beträchtliche Ausdehnung erreicht hätte, wäre die Temperatur so weit gesunken, dass die Elektronen von den Kernen eingefangen worden wären und die Wärmestrahlung sich frei hätte ausbreiten können. Berechnungen zeigen jedoch, dass das Universum zu diesem Zeitpunkt bereits zu groß gewesen wäre, als dass sich das Licht noch von einer Seite zur anderen hätte bewegen können. Daher dürfte das thermische Gleichgewicht des Mikrowellenhintergrunds nicht beobachtet werden.
Statt sich deshalb von der Urknalltheorie zu verabschieden, wird vorgeschlagen, dass es in der Frühphase des Universums einen außergewöhnlichen, ultraschnellen Expansionsprozess gab. Was eine solche Expansion angetrieben haben könnte, die schneller war als die Lichtgeschwindigkeit, ist nicht bekannt, aber einen Namen erhielt sie trotzdem: „Kosmische Inflation" (vom englischen to inflate = aufblähen). Mit Hilfe dieser Anpassung konnten die Berechnungen zeigen, dass sich in einem Urknallszenario ein thermisches Gleichgewicht hätte einstellen können.

Die Berechnungen ergaben jedoch auch, dass sich damit eine neue Schwierigkeit in Bezug auf andere Beobachtungen ergibt: Die Galaxien sind in riesigen geordneten Strukturen über den Kosmos verteilt, die viel zu inhomogen sind, als dass ihre Schwerkraft sie hätte zusammenbringen können.

Anstatt an dieser Stelle das kosmologische Modell aufzugeben, wurde vorgeschlagen, dass es zusätzliche unbeobachtbare Materie geben müsse, die die notwendige Schwerkraft für die Zusammenballung von Galaxien liefert. Wir stehen also, wie *Bild der Wissenschaft* erläutert, mit dem naturalistischen Ansatz vor ungelösten grundlegenden Erklärungsschwierigkeiten:

„Mit dem Problem dieser fehlenden Masse hängt eng zusammen, dass wir bis heute nicht recht verstanden haben, wie die Galaxien überhaut entstanden sind – eines der brennendsten Probleme der Astronomie."[51]

Die rechnerische Hinzufügung dieser Dunklen Materie in das Modell warf aber ein weiteres Problem auf: Das Universum konnte sich nun nicht mit der erforderlichen

---

[50]J. Trefil, *Die dunkle Seite des Universums*, 1988, S. 79.
[51]R. Breuer, *Bild der Wissenschaft* (11), 1990, S. 85.

Geschwindigkeit ausdehnen, wenn so viel Schwerkraft wirksam war. Der Kosmos konnte dann nicht älter als 8 Milliarden Jahre sein, was im Widerspruch zu den 13,7 Milliarden Jahren stand, die das Modell aus der Interpretation der Rotverschiebung ableitete.

Um diese Interpretationen nicht aufgeben zu müssen, wurde vorgeschlagen, dass es irgendwo eine unbekannte, unsichtbare Dunkle Energie geben müsse, die die Expansionsrate so erhöht, dass die Diskrepanz zwischen den Urknallprognosen und den astronomischen Beobachtungen verschwindet.

Alle angeführten Beobachtungen erfordern nicht lediglich kleine Korrekturen an einem Modell, das im Großen und Ganzen gut mit den Daten übereinstimmen würde. Die Abweichungen zwischen den Modellvorhersagen und der Realität sind vielmehr so exorbitant, dass die Kosmologen fast 20 Mal mehr Masse oder Energie, die als „dunkel" bezeichnet wird, einführen mussten, als wissenschaftlich beobachtbar ist.

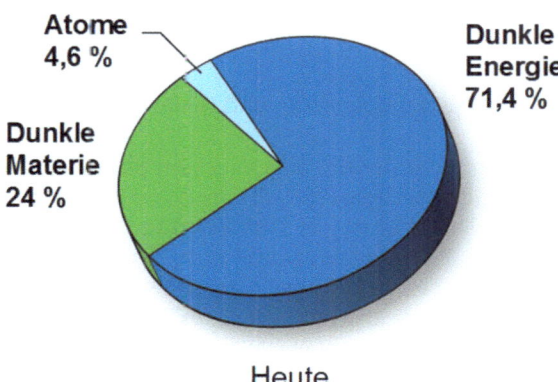

Abb. 5: Anteile von bekannter Materie (Atome aus Protonen, Neutronen und Elektronen) und Dunkler Materie/Dunkler Energie am gesamten Weltall im Urknallmodell. Quelle: NASA.

Die Theorie führt damit zu der Schlussfolgerung, dass lediglich 5 % des Universums aus Protonen, Neutronen und Elektronen bestehen, also den Grundbestandteilen aller chemischen Elemente und Verbindungen – den Bausteinen alles dessen, was wir um uns herum sehen und fühlen können: von Luft, Wasser, Erde, Steinen, Bäumen, Blumen und so weiter. 95 % des Universums müssen „nicht-baryonisch" sein, also etwas anderes als alles, was wir kennen – wenn wir die Urknallhypothese weiter aufrechterhalten wollen.[52]

Als Reaktion auf diese Entwicklungen veröffentlichten 33 Physiker, darunter Hermann Bondi, Thomas Gold und Jayant Narlikar, die wichtige Beiträge zu Astrophysik und Astronomie geleistet haben, im Mai 2004 in der Zeitschrift *New Scientist* einen offenen Brief an die wissenschaftliche Gemeinschaft, in dem sie ihre Zweifel am Standardmodell äußerten:

„Der Urknall gründet heute auf einer wachsenden Anzahl hypothetischer Größen, Dingen, die nie beobachtet wurden – Inflation, dunkle Materie und dunkle Energie sind die prominentesten Beispiele. Ohne sie gäbe es einen fatalen Widerspruch zwischen den Beobachtungen, die die Astronomen gemacht haben und den Vorhersagen der Urknalltheorie. In keinem anderen Gebiet der Physik würde man diesen fortwährenden Rückgriff auf neue hypothetische Objekte als einen Weg akzeptieren, um die Lücke zwischen Theorie und Beobachtung zu schließen. Er würde zumindest ernsthafte Fragen über die Gültigkeit der zugrundeliegenden Theorie aufwerfen.“[53]

Schlussfolgerung und Bedeutung

Abschließend kann festgestellt werden, dass man vom Standpunkt der Urknalltheorie letztlich dem heiligen Apostel Petrus zustimmen muss: dass es nämlich unmöglich ist, den Ursprung der Welt zu erklären, indem man von bekannten physikalischen Prozessen bis zum Anfang der Zeit zurück extrapoliert. Um den Ursprung von 5 % des Universums naturalistisch zu „erklären", muss man zusätzliche 95 % einführen, von denen man nicht einmal weiß, was sie sind. Man weiß also am Ende weniger als am Anfang.

Aufgabe der Naturwissenschaft ist es, zu erforschen, wie die Natur funktioniert, nicht aber, den Ursprung der Natur auf Naturprozesse zurückzuführen. Die astronomische Forschung ist eine sehr fruchtbare Wissenschaft. Ihre Ergebnisse führen zu der Erkenntnis, dass sich die Natur nicht selbst erschaffen kann. Die Astronomie beweist damit die Existenz eines allmächtigen Schöpfers, der das Universum, unsere Wohnstätte, geschaffen hat, sie befindet sich ganz in Übereinstimmung mit den Psalmen, die verkünden:

---

[52] Veröffentlichung der NASA auf http://map.gsfc.nasa.gov/universe/uni_matter.html (Zugriff am 30. März 2021).
[53]E. Lerner, "Bucking the big bang", *New Scientist* 182 (2448), 22. Mai 2004, S. 20.

„Die Himmel erzählen die Herrlichkeit Gottes und das Firmament verkündet seiner Hände Werke. Ein Tag überbringt dem andern das Wort, es gibt eine Nacht der andern die Kunde. Es ist keine Sprache, es ist kein Wort, deren Laute man nicht vernähme. Über die ganze Erde geht ihr Schall aus und bis an die Enden des Erdkreises ihre Worte. Er schlug sein Zelt in der Sonne auf und sie gleicht dem Bräutigam, der aus dem Brautgemache hervorgeht; gleich einem Helden jauchzt sie, ihre Bahn zu laufen. Vom äußersten Himmel geht sie aus und ihr Lauf geht hin bis zu seiner Grenze, und niemand ist, der sich vor ihrer Glut verbergen könnte. Des Herrn Gesetz ist makellos, die Seelen umgestaltend; des Herrn Zeugnis ist verlässig und gibt Weisheit den Einfältigen. Die Vorschriften des Herrn sind gerade und erfreuen die Herzen, hellleuchtend ist das Gebot des Herrn und Licht den Augen. Die Furcht des Herrn ist heilig und währt in Ewigkeit; die Satzungen des Herrn sind wahr, gerecht befunden insgesamt. Wünschenswerter sind sie viel mehr als Gold und viel Edelgestein und süßer als Honig und Honigseim. Auch befolgt sie dein Diener, ihre Beobachtung bringt vielfache Vergeltung. Wer merkt die Sünden alle? Von meinen verborgenen Sünden reinige mich und vor fremden behüte deinen Diener. Wenn sie nicht über mich herrschen, so werde ich unbefleckt bleiben und rein sein von schwerer Schuld. Alsdann werden dir die Reden meines Mundes wohlgefallen und meines Herzens Gedanken werden allezeit vor dir sein. O Herr, du mein Helfer und mein Erlöser!"
Psalm 18, 2-15

Und wir lesen im Neuen Testament weiter, was unser Schöpfer uns mitteilen will:

„Gott hat nun die Zeiten dieser Unwissenheit nachgesehen, und tut jetzt den Menschen kund, dass sie alle, aller Orten, Buße tun sollen; denn er hat einen Tag festgesetzt, an welchem er den Erdkreis richten wird in Gerechtigkeit, durch einen Mann, den er dazu bestimmt hat, und hat es jedermann glaubwürdig gemacht indem er ihn von den Toten auferweckte."
Apg. 17, 30-31

Noch größer als das Wunder der Erschaffung des Universums ist die uns geschenkte Gnade Gottes durch das Kreuzesopfer Jesu, das die gefallene Menschheit, jeden einzelnen von uns, wieder mit Gott versöhnen möchte:

„Alle haben gesündigt und die Herrlichkeit Gottes verloren. Ohne es verdient zu haben, werden sie gerecht, dank seiner Gnade, durch die Erlösung in Christus Jesus. Ihn hat Gott dazu bestimmt, Sühne zu leisten mit seinem Blut, Sühne wirksam durch Glauben. So erweist Gott seine Gerechtigkeit durch die Vergebung der Sünden, die früher, in der Zeit seiner Geduld, begangen wurden;"
Röm. 3,23-26

© 2022 Thomas Seiler
Herstellung und Verlag: BoD – Books on Demand, Norderstedt
ISBN: 9783756238958

FSC
www.fsc.org

MIX

Papier aus ver-
antwortungsvollen
Quellen
Paper from
responsible sources

FSC® C105338

Garden

of

the

Senses

Poems

by

Jennifer Eireen Haas

Bibliographical Information: The German National Library (Deutsche Nationalbibliothek) lists this publication in the databank of the German National Library. Detailed bibliographical information can be viewed online via dnb.dnb.de.

Herstellung und Verlag: BoD – Books on Demand, Norderstedt

ISBN 978-3-7557-5247-9

Other publications;
Sehnsucht, Flucht & Heimatsbucht (2021), BoD
The Taste of Thunder (2021), BoD

Illustrations

by

Jennifer Eireen Haas

Prologue

My words are there to lead me.

They take me to places that tell me stories of the
soul. I allow them to bring to the surface that
which slumbers beneath. They perceive that which
tries to hide. That which covers and twists around
the structures built. That which has been planted
and nourished, harvested and eaten. I allow them to
reveal these emotions that are real.

I enter the garden.

What I find there are the beauties and dangers
inside the mind. The joys and horrors of the heart.
The light and heavy weight of the soul. The
familiar and foreign encounters of the eye.

My words are there to lead me.

They help me unravel.
They help me breathe again.
They help me turn pain into joy.
They help me gain sense of what is happening.

They are the shade for my heat.
They are the colors of my flowers.
They are the buzz of my biodiversity.
They are the soil for my garden, my jungle.

My words are there to lead me.

Then they become the plow for my renewal.
Then they become the seeds for my re-planting.

As this garden evolves new trees are grown, new
flowers are blooming, new birds are chirping, new
spaces are kissed by the sunlight and new traces
are left behind in the soil.

My words lead me through my garden.

A big thank you to all who have visited and
nourished this garden. And to all those whose
gardens have inspired mine.

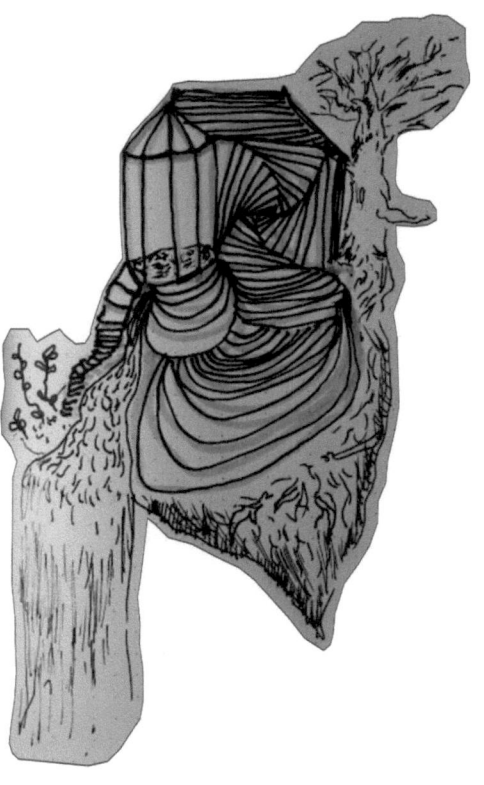

I
Intricate Soul

Stranger

Even though I don't complain about
this pain, it's there and lingers in my
fingers and my veins
this life seems strange, the days
are filled with rays of spades, the
sorrow killed away the lust and
laughter of each day
I had seen the in-between and after
I was torn, shed and reborn,
a different light made up my sight
but made me worry day and night
a stranger with dead eyes,
a pretty lady telling lies
a fool in a disguise, between the
words and wisdom there she hides

Vigilance

They're pouring in on me
these words
I feel them pinning me

I'm trapped
it makes me fight and scratch
being careful not to soon detach

I caught a moment
unprepared
I saw the ways
your eyesight teared

it took this long to let me know
that you've done so much
wrong to show

I can't stop asking
stop reacting
it burns in my heart
and tears me apart

I feel myself losing control
I didn't want to fear this soul

I never cared so much before
but bliss turned poor

It reached my veins
and now it pains
it aches
and my heart slowly breaks

Border Line

Down this road again
I thought this was over
but the void
pulls me back inside
I wanna cry
the fear
of losing the control
you had - so sad
to realize you've slipped,
your soul getting ripped
up by the demons in your mind
dazed and confused,
confused and abused
mind and body alike
the light fades away
day after day
and I'm on the borderline
of what seems to be fine

Drive

Quietly numb,
quiet hum
where have you been

I miss the
drive
to dive
my fingers in this paint

the way my
fingers try
to write a line

I miss the cold,
and dark,
the fire in my heart
that forces out
my art

Where have you been?

Words and wires
beggars, criers
leaving me alone tonight

I miss the
fire fueling pain
that shows me
ways to gain

the overwhelming
bright and
light
shining once again

The burning in the
body
making my legs
wander on

the motor in
my mind that
keeps me
driving on

The law of life
and strife
that finds no
way inside

The longing that
no longer longs
to hide

I've missed the
feathers in my
feet

the travels through
the universe,
to meet

the sun,
the moon,

the gloomy night

The way I knew
I had no fright

I miss the days
I went to bays
and bathed in hope

The time
my scope

was wide
and
wider even was
the circle I was in

the feeling to
begin,
belong
to sing, a song

I miss the life I had
the good, the bad

The tears
the fears
the height
the light

Where have you been?

The love is gone
the lights are dim

Where have I been?

Notice

cravings
savored by the many rains
destined
for the woe to gain
sustain a life's tale of despair
the many, a distinguished fare

far from all
the wither brings the old to fall
the tale of time
takes vines and chimes
the many weak and strongly crimes

caressing youthful fluttered sense
of souls so old and dense
they cracked and let the pieces stray
parts of hearts and mind decay

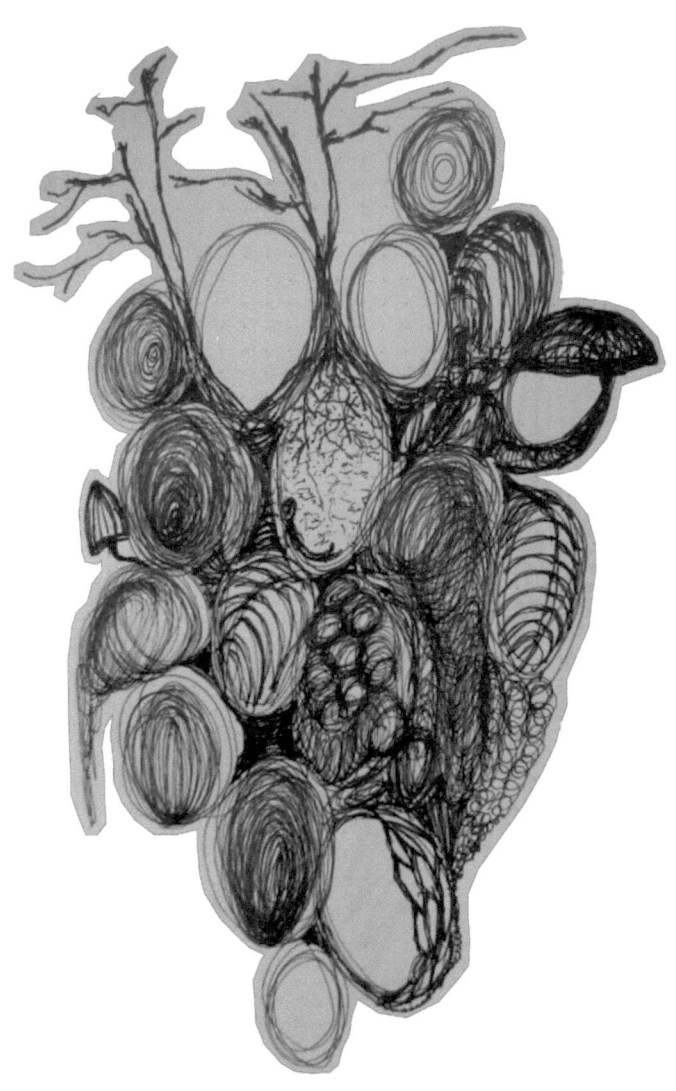

II
Intimate Heart

Traces

And my lipstick is smudged
the traces are there
of the nights and the days
I didn't seen to care

Running down my face
is a single tear

I've been silent about
this lingering fear

Tearing me down
Pushed to the edge

Clinging to the wedge

In between
What might seem

as a crack
is a canyon

The sadness broke
The tears evoked
A dreadful sense of woe
As I awoke

I'm lonely
I'm scared

My world view is torn
A new soul is born

It's endless array
of wasting away,
and hoping to sometime
save the day

When the darkness
comes and spreads
It drives me mad
to be so sad

The only thing the nights
now hold
is what your dreams
start to unfold

As I dive into each verse
I've created my own
galaxy

No limitations
in my mind
This feeling is
one of a kind

New
And unusual

Cruel
And delusional

Blind Spot

you've never known
you've never seen
I've never shown

the layers underneath
the pain and aching
muscles and distress
my hurt heart's mess
my anger and my sad
the troubles turning
mind gone mad
the strength I have
to hold together
all of this
the power I must raise
to keep your world away
from mine
from the despair
the lying
from all that's flying
round and round
you never ask
and even when I told you so
It felt like you can't grasp
you listen, and you nod
but your eyes reveal your thought
you pity, but you do not understand

you leave no room for me to breathe
you leave no room to tell you more
no space for what is underneath
no space for more than what is "your".

Summertime Blues

The heat seems to stop
the time
and the world starts
feeling fine

yet when the sun
begins to set
and you no longer sweat

from the heat
but the endless
defeat

that doesn't stop with
the weather
and never seems to get better

you wander and your
heart
is tearing you apart

and you contemplate
on which kind of state
you'd rather be living

       escaping
     or giving

        fleeing
     or living

either way
you need to fill you day
it's unsure if
you'll ever have your say
what better,
so you let this ray

burn your head,
as your soul's already
feeling dead

this heart now will
too soon decay
if you don't find
another way

Icicle

The icy crust
turns dust
into a wondrous thing

The way the cold might bring
A feeling almost missed
of winter cozy bliss

The way the winter air
will freeze your thought
The water changed
And icy crystals brought
Awareness to your veins

A simple sight
of freezing delight
Temptations might
succeed tonight

Frozen

The winter is colder everyday
In such a long time
I have not felt
the ice take over my bones
frozen
at the heart
slipping on the slopes
the hopes carried away
by winter winds today

All is scattered
All is lost
clearing up
the foggy frost
Even though the air is cold
it isn't clear, and
I've been told
The weather that surrounds my
heart
controlling me
I need to part

Ever knowing
This world
A heap of lies
flies surrounding
piles of shit
The wit
has long been traded,
suffocated
humans thrown to pits
Their eyes and minds
resisting

what society has spit

A circus
circling round
uplift yourself
by putting others to the ground

What mothers does this
life have left
We're told
and forced to theft

Seaming sights
weaving rights into a
new designed
and devastated way of life
designated
to resigning
or inclining
in the madness
of the present

Half of what is left
has been told before

The rest
should stay untouched
enforcing war

My brother
and my sister
we have fought this
fight
in solitude

It may be time
to say good night
it may be time to end this feud

III
Sensitive Eyes

Moments of despair

Feeling lost
in time and space
don't know how to ace
these duties,
or get away from this place

Sometimes I just can't function
cannot find the conjunction
How did I end up here again
Feeling worse then I did at ten
I'm blinded
by my lies
leading me like fireflies
deceiving me with devil's eyes

The music in my ears
turning my worries into tears
the only way to lift my spirit
is reminding myself to be satiric
To find a way
Embrace the day
and turn my fears
into a lyric

S T E P P I N G

Living this new life
won't be easy
but it must be right

Tired of hearing
all your stupid arguments
trying to save yourself
from moral hipocracy

you've got to stop
open your eyes
you're not just one
but one in 9 billion

travel the world
see for yourself
your lifestyle is not a right,
but a privilege
take one step at a time
but move in the right direction

pay attention
to what they're trying to
make you believe

a conspiracy
against humanity

In the end
all will have to follow different paths
when the last screams have faded away

when people can't take it anymore
eyes, ears and bodies sore

S T O N E S

better get a head-start
won't participate another day
nothing's standing in my way

you claim it isn't necessary,
I say it's bullshit

pull your conscience back into reality
and see it for what it is

the time has come
no more excuses allowed

you can try to help out
or stand in the way,
please decide

slowly watching everything
fall out of place
where will this lead
at our current pace

you say we must evolve
we grow and improve,
rectify our past mistake
then why, now, take a break?

It's exactly the same;
don't see the need to explain
not a day too late,
I give in to my own fate.

Decade Zero

With crisis comes opportunity,
but only if the people
open their eyes and start to see
what started once so beautifully
has now become to be.
There's only so many spaces
on this earth
that have never seen the faces
of the human's birth.
And only a matter of time
until we find
another way to disgrace.
Our hearts blind,
the mind leads us to treachery,
the life that's been given
covered by the shadows
of our livin',
slowly tearing apart
the universe's art.
An art of our own
to think that we have grown,
we've never been so small,
soon nothing left to crawl.
There will be a new beginning,
no winning
or losing,
for only the highest hearts
will survive
to form a newborn hive
and be able to thrive.

Commemorate

I'm a master, a creator
a passionate debater
painting the skies
as I rise
in the colors that I favor

the weight
pushed you down
and out of town
but the paths never stray too far
to remind you who you are

a circle in the sun
the molecules undone
a combination of delight
and an ever frightening sight

listen to the envoy
fill your heart with joy

it's a start
a human art
I feel divine
the world is mine

yet nothing remains
and all one gains
can get lost so easily in space
And you rememember, you are just a
part of this race.

Glimpses

Finders, keepers
In this hidden garden
Saw the secrets
Of delight
a lightning of illusion
created this delusion
but how long will it last tonight?

IV
Wondrous Mind

Why is it?

Why is it,

that the moment I found out,
the spark and shimmer
left a mark

but left again
leaving me unraveled,
with wide arms
naked, and welcoming the
world

but wounded
and robbed of all my faith

The second I thought the
path was clear
the forest thickens

this deer must run

but only ways away
from smoke and fire
have been trodden,
have been known

There is no home,
the souls all gather in the
stars

from time to time
the way they shine
reminds me to forego
and find this reasoning
divine

Echoes

golden time
the sun divine
a glimpse
inside of this
atrocious mind

solemn path
found and strayed
renowned, engaged
taken from the one who
prayed

all the sins tonight
are mine

all to hear
the unknown chime

calling
for my longing
has become
a sea
much deeper than
all that is me

Stoic mind

A stoic mind
  erratic
    harnful
  barely bound
forever left behind
 The thoughts
to cry
 well, try
  this wondrous,
    breathing soul
  has lost
    control
  Wherever,
    always lasting
    found
 And ever up
    against the ground
 The sounds of calculating
 math and mating
 secrets held
    combined
 and intertwined
The cold and sweet
air treats
the lungs so young
  unsung
Wherever they
 may be
They aren't lost
but not yet free

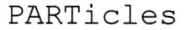

PARTicles

You walk, into the forest
through the day
left and right, you see
the life that's on display
humming, whistling
chatter, scatter
loud and quiet
things that matter
seem forgotten
skies above invite you
to feel high
walk by the golden days
onto the hidden ways
remembrance of forgotten
stays in mindful magic
creating places to go hide
all the space around
collides
to one big life
one bigger picture
ever more important
seems each one
yet the importance of it all
seems gone
designed to strive for life
what happened to the human mind
designed to love, to hate
it must be fate
to feel, to fear
the price of wanting, knowing all
the peels of molecules undone
one by one
they scatter
and are gone

Supercritical

Just like the elements change their states
with changing circumstances, behaving in new ways,
unpredictable, yet ever changing back again
and again, we reach a point beyond
the supercritical;
and we must change the heat,
the outer conditions, we must bring down
our temperatures so that we can liquefy
what has evaporated into thin air,
so that we can return to our steady states
and know, we will not break, but bend
won't escape but again return,
we follow simple laws
of attraction,
the strongest ever
holding our universe
together.

Sea Creature

The sea was calm
when it hit you
The break of dawn
may outwit you
you see the shore,
it glimmers,
Future shimmers
up ahead,
not yet dead
You awake,
hit the break
get back on course
Feel this new source
The moonlight on your face
it changed you
left a trace
erased the way
you thought yourself to be
and took you
from this insanity

The waves caused
ripples
in my mind
The sea was leaving
me behind
I stood and looked
the landscape hooked
my fears and dreams
and as it seems
I've felt this way
before,
longing for more
I hope it stays
with me this time,
only the sea
will see what's mine

yes, only the sea
will see

what's mine

About the Author

Jennifer Eireen Haas is passionate about different art forms including music and poetry. She writes both in English and German. Her work mainly captures spontaneous moments in time. This enables her to dive into the subconscious realm and her poems have become a tool for self-reflecion and self-discovery. "The Garden of the Senses" is her third poetry release.

She is currently living in Berlin, Germany, where she is working on recording her music and contributes to creating communal spaces dedicated to art and healing.

Previous Publications:

Sehnsucht, Flucht & Heimatsbucht (2021), BoD Print and Publish, ISBN-13: 9783755719953.

The Taste of Thunder (2021), BoD Print and Publish, ISBN-13: 9783755742760.